민족을 넘은 삶

김여철/와키타 나오카타

한일 역사의 비밀의 문을 열다

최관

민족을 넘은 삶

김여철/와키타 나오카타

보고사
BOGOSA

새천년이 시작된다는 2000년 봄, 나는 연구년으로 가있던 도쿄의 조그만 서재에서 커다란 흥분에 휩싸였다. 그동안 전혀 몰랐던 인물을 발견한 것이다. 그것은 연구자로서 본인의 짧은 지식에 대한 반성보다는 4백여 년 동안 역사의 그늘 속에 감추어져 있었던 새로운 인물을 발견한데서 오는 일종의 전율이었다. 온 몸을 휘감은 그 전율 속에서 한동안 벗어날 수 없었다. 한일 간의 왕래가 빈번하고 서로를 잘 알고 있다고 말하는 오늘날까지 이런 인물이 있었다는 것을 간과하고 있었단 말인가? 때마침 가나자와에서 열리는 학회가 끝난 후에 며칠 더 머물면서, 그가 만들었다는 정원과 그의 무덤을 찾아보기로 결심했다.

그는 16세기 말에 조선인으로 태어나 평생을 일본인으로 살아간 인물이었다. 조선에서의 이름은 김여철(金如鐵)로, 지체 높은 한림원 학자의 자제로 태어났다가 근세 일본의 전형적인 사무라이로서 일생을 살아갔다. 그것도 평범하고 단순한 사무라이가 아닌 전투에서 뛰어난 무훈을 세워 출세한 일본의 용맹한 사무라이였다. 그는 임진왜란 때 일본에 끌려간 수만 명의 조선인들 중에서, 아니 역사상 여러 사정으로 일본에서 살았던 수많은 외국인 중에서, 근대 이전의 일본에서 가장 높은 자리까지 출세한 인물이었다. 나이 들어서는 가나자와봉행(金澤町奉行, 가나자와시장 겸 경찰서장 역할)으로 뛰어난 행정능력을 발휘하여 가나자와시의 도시기반을 구축하는 데 진력하였다. 그뿐만이 아니었다. 우라센케(裏千家, 일본 다도 3대 유파의 하나)를 창시한 다인 센 소시쓰(千宗室)와 같은 당대 최고의 문화인들과 교류하며 다도, 시가 등에도 뛰어난 재능을 보인 김여철은 그야말로 문무를 겸비한 문화인이었다. 그리고 숨어있는 기독교 신앙인이기도 하였다.

그의 자손들도 3대에 걸쳐 번주의 총애를 받아 가가번의 중요 관직을 역임하여 명문가로서 이름을 날렸다. 근대 들어서는 메이지유신의 주역인 오쿠보 도시미치(大久保利通)를 처참하게 살해한 인물도, 경부선 철도에 깊이 관여한 실업가도, 그리고 일본 최고의 서양화가 또한 그의 후손이다. 그리고 현재까지도 그의 후손들은 조선인 김여철의 후예로서 집안의 역사를 인식하면서 각자 일본 사회 속의 일원으로서 살아가고 있다.

한일 역사의 질곡 속에서 민족과 국가의 틀을 초월한 삶을 살아가야만 했던 인물 김여철, 역사라는 수레바퀴의 무게를 온 몸으로 견디어온 그의 삶이, 지금도 민족과 국가의 틀 안에서 벗어나지 못하고 오히려 그 안에서 갈등과 대립을 벌이며 살아가고 있는 우리들에게 말해주려는 것은 무엇인가.

나는 부끄러움과 경외의 마음을 안고서, 그가 살다간 4백여 년 전에서부터 그의 일생을 반추해보고, 그의 후손들이 일본 사회 속에서 어떠한 삶을 살아왔는지, 21세기 오늘날까지의 궤적을 더듬어보고자 한다.

　본서가 나오기까지에는 본의 아닌 필자의 사정으로 많은 시간을 허비하였다. 그 사이 필자는, 매우 비열한 자의 모략으로 힘든 시간을 보내야 했다. 심신이 비정상적인 자, 비뚤어진 판단력을 지닌 조직의 장과 앞잡이, 그리고 배은망덕한 자들이 가담하여, 수 년 동안 비통한 날들을 보내야 했다. 하지만 동시에 국내외에서 많은 분들이 성원하여 힘을 주었고, 다시 살 의지를 가다듬게 되었다. 사랑하는 사람들이 있기에 희망을 져버릴 수 없었다. 친구들이 곁에 있어주었다. 아직도 글을 쓸 정신 상태라고 하기에는 부족하지만 그래도 억지로 힘을 내어 그동안 밀린 숙제였던 김여철과 그의 후손에 대해 정리하게 되었다. 그들의 준엄한 생을 다시 생각해보면서, 배우고 반성하고 있다. 김여철의 일생을 되돌아보면, 국가 관계도 그렇고 인간 관계의 삶도 그렇고 아직도 모순과 부조리를 벗어나기는커녕 더 깊어만 가고 있는 오늘날, 이를 뛰어넘는 관계와 삶을 깨닫게 해준다.

　본서 출판까지 많은 분들의 도움을 받았다. 자료를 보내주고 조언을 해주고 안내를 해준, 와키타 준(脇田順) 사장님, 광산 김씨 김영철 선생님, 가나자와대학의 쓰루조노 유타카(鶴園裕) 교수님께 깊이 감사 인사를 드린다. 고맙게도 여러분들이 『여철가전기』 번역에 힘을 보태주었다. 또 좋은 책이 되도록 애를 써준 김흥국 사장님과 박현정 편집장, 이순민 씨에게도 감사드린다. 아, 별이 보고 싶다.

저자

〔부록〕

[사진자료 목차]

제1장

조선 유학자의 자식에서 사무라이로

임란 피로인 김여철

　서울 시내 궁궐이나 불국사 같은 사찰 등 국내의 중요 유적지에는 임진왜란 때 소실되었다가 다시 중건되었다는 설명문을 흔히 볼 수 있듯이, 한반도 곳곳에서 임진왜란 당시 일본군(왜군)이 남긴 상흔을 찾기가 어렵지 않다. 서울의 심장 광화문 광장에는 충무공 이순신 장군 동상과 거북선이 한국의 역사를 상징하듯이 우뚝 서있다. 임진왜란 때의 이야기들 즉 세계 해전사에 길이 남을 이순신 장군의 전술, 선조의 처신과 조정의 당파 싸움, 유성룡의『징비록』, 행주산성의 권율 장군, 홍의장군 곽재우, 진주성의 김시민 장군과 의기 논개, 평양성의 계월향, 충장공 김덕령, 사명대사가 이끈 승병들, 그리고 각지에서 일어난 수많은 의병장과 의병들에 대한 일화는 지금도 보편적인 한국인의 마음속에 자리잡고 있다. 이처럼 임진왜란은 16세기 말 한반도를 피로 물들인 한 시기의 전쟁으로 끝나지 않고, 4백년이 훨

씬 지난 오늘날까지도 살아있는 역사이며, 앞으로도 한민족과 함께 존속해갈 것이라 생각한다.

임진왜란은 한중일 삼국이 국운을 건 미증유의 격돌로서 세계사의 한 페이지를 차지하는 동아시아 전쟁으로서뿐만이 아니라, 한일 양국의 정치, 경제, 사회, 문화, 예술, 사상 등의 모든 분야에 걸쳐 심대한 변화를 초래하였다. 이러한 임진왜란에 대하여, 21세기 탈근대시대를 사는 우리들은 기존의 역사인식이나 정치라는 한정된 관점에서만 머물 것이 아니라 새로운 시각으로 바라보는 것도 필요하다고 할 것이다. 임진왜란을 후대의 일본에서 도자기전쟁, 서적전쟁, 활자전쟁, 포로전쟁이라는 또 다른 이름으로 부르고 있는 데서 알 수 있듯이, 문화적인 측면 혹은 극단적인 인적 물적인 교류의 측면에서도 전례를 찾기 어려운 역사적 사건이었다고 할 수 있다.

임진왜란 때, 일본군은 조선에서 수많은 서적, 활자, 그림, 불상 등의 각종 문화재는 말할 것도 없고 심지어는 냇가에 놓인 돌다리까지 일본으로 약탈해갔다. 반대로 조선에서는 조총이 개인화기로서 자리를 잡았고, 기독교가 처음 전파되었으며, 그 직후에는 담배, 고추 등이 전래되어 조선 사회에 커다란 변화를 초래하였다.

특히 인적인 측면에서는, 본인의 선택에 의한 경우도 있지만 대부분 본인들의 의지와는 상관없이, 일본인이 조선인이 되고, 조선인이 일본인이 되어 살아가는 상황이 발생했다. 예를 들어, 조선에 항복한 일본무장인 항왜(降倭), 대표적으로 김충선(金忠善, 일본명 사야카)과 그의 수하들은 일본으로 돌아가지 않고 조선에서 생을 마쳤고, 반대로 조선인으로 태어나 일본에 끌려가서 일생을 보낸 수많은 사람들이 있다. 그 중에서, 일본 내에 뚜렷한 발자취를 남긴 김여철(金如鐵)이라는 임란 피로인[1]과 그 후손들의 삶은 그동안 알려지지 않았지만, 매우 중요한 의미를 지니고 있다.

김여철에 대해 들어가기 전에 먼저, 임란 피로인에 대해 간단히 살펴보자. 임란 피로인에 대해서는 그동안 주목받지 못하였고 아직까지도 정확한 전체 실상이 파악되지 않은 상황이다.

임란 피로인에 대해서 일제강점기 때에는 관심의 대상이 아니었다. 이미 조선은 국체를 상실하고 일본에 병합된 상태였으므로, 일본의 입장에서는 도요토미 히데요시의 영웅화와 일본군의 활약 등에만 관심이 놓여있었고, 그 외 측면에서 굳이 양국의 싸움이었던 임진왜란을 부각시킬 필요가 없었기 때문이었다. 따라서 임란 포로인에 대한 조사와 연구는 일본이 패전한 후에 양심적인 연구자에 의해 시작되었다. 그 성과로서 1976년 도쿄대학 교수였던 나이토 슌포(內藤雋輔)가 『임진왜란기의 피로인 연구』를 간행한다. 이 책은 임란 피로인에 대한 최초의 종합적인 연구서로서 임란 연구의 새 장을 열었다고 할 수 있다.[2] 그 후 국내에서도 임란 피로인에 대한 연구가

---

1 임란 피로인(壬亂被擄人) : 임진왜란 때 전투에 참가하지 않았는데도 강제로 일본에 끌려간 조선 민간인을 가리킨다. '피로인'이란 민간인으로서 다른 나라에 잡힌 자를 의미하는 용어로, 고려, 조선시대의 여러 기록에도 나타나있는데, 전쟁 때 적대국 병사를 잡은 근대적 의미의 포로와는 구별할 필요가 있다.

2 나이토 슌포(內藤雋輔, 1896~1990)는 일본에 끌려온 다양한 조선인들에 대한 정밀한 조사 결과를 종합하여 『文禄·慶長の役における被虜人の研究(임진왜란기의 피로인 연구)』(東京大學出版會, 1976)를 간행하였다. 나이토 교수는 강항의 『간양록』, 정희득의 『월봉해상록』, 노인의 『금계일기』에서부터 김충선(일본명 사야카)처럼 일본군에서 조선에 항복한 항왜(降倭), 심수관으로 상징되는 사쓰마번의 도자기공, 승려 교넨(慶念)이 임란 당시 조선에서 견문을 기록한 『조선일기(朝鮮日々記)』 등과 서

조금씩 진전을 보여왔다. 일본에 조선 유학을 전한 강항, 임란 피로인으로 일본에 새로운 도자기 문화를 탄생시킨 심수관과 이삼평처럼 알려진 인물에 대한 연구는 상당한 성과를 거둔 상태이다. 그러나 아직도 모르는 분야가 너무 많은 것도 사실이다. 예를 들어, 임란 후에 일본에 파견된 사명대사나 쇄환사(刷還使, 해외에서 동포를 데려오는 임무를 띤 사신)를 따라 귀국한 조선인이 대략 7천 명 정도로 파악되고 있는데, 일본에 끌려간 조선인이 모두 얼마 정도인지조차 가늠하기 어려운 실정이다. 임란 피로인 규모에 대해서 한일 연구자에 따라 큰 차이를 보여서 2, 3만 명에서부터 수십 만 명이라는 설 등이 분분하다. 적어도 수만 명 이상이라 추측할 수 있을 뿐, 얼마나 많은 조선인들이 끌려갔는지 정확히 알 수 없다.

임진왜란 전반기에는 한양과 부산을 잇는 선상에서 부분적으로 조선인 연행이 이루어졌다면, 정유재란 때는 노골적이고 계획적으로 조선인을 색출하여 끌고 갔다. 특히 당시 일본군이 대거 점령하고 있던 경상도를 위시하여 전라도와 충청도에서도 사람들이 많이 끌려간 것으로 보인다. 당시 일본이 조선 민간인을 적극적으로 연행해가려는 이유도 여러 가지라 볼 수 있는데, 이에 대해 김문자 교수는 포로들의 납치 목적을 (1) 일본 내에서 부족한 노동력을 보충하기 위하여,

---

일본과 규슈 각지에서 찾아볼 수 있는 포로에 관한 채방기(採訪記)를 싣고 있다. 그동안 단편적이거나 밝혀지지 않았던 한일 양국의 임란 포로에 대한 최초의 종합적인 연구로서 의의가 있다고 할 것이다. 이러한 일본 연구자의 뛰어난 업적에도 불구하고, 임란 포로가 어느 정도였으며 어떤 식으로 일본 안에서 정착되어 갔는지 혹은 타국으로 팔려나가 어떻게 살아갔는지, 그 후손들은 어떠하였는지 등등, 임란 포로에 대한 전반에 대한 양상을 제대로 파악하기에는 아직까지 부족한 상황임은 부인할 수 없다.

(2) 다도 기술을 배우기 위하여 도공을 연행 (3) 전지에서 군량수송과 축성 잡역 등 노역요원으로 사용 (4) 여자와 어린이 중에서 미모가 뛰어난 자 (5) 전쟁 중에 일본에 협력한 자 (6) 전쟁 중 조선 여인을 아내로 삼았기 때문에 동반한 경우 (7) 미색을 탐하는 왜군의 호색적 요구 (8) 노예 매매를 목적으로 한 경우 등 8가지로 분류하고 있다.

한편 필자는 조선인 임란 피로인에 대해 기본적으로 다음의 세 가지 유형으로 구분하고 있다. 첫째 일본에 갔다가 조선으로 돌아온 경우, 둘째 일본에서 다시 타국으로 간 경우, 셋째 일본에서 생을 마친 경우이다.

첫째 일본으로 끌려갔다가 여러 경로로 조선으로 돌아온 경우를 보면, 쇄환사를 따라 귀국한 사람이 약 7천 명으로 가장 많다. 그밖에도 개인적으로 혹은 일본인의 도움을 받아 일본을 탈출하여 돌아오거나 혹은 중국 등의 제삼국을 거쳐서 귀국한 자도 적지 않게 있었다. 예를 들어,『간양록(看羊錄)』으로 잘 알려진 강항은 일본 영주의 알선으로 귀국할 수 있었고, 이외에도, 동래 선비였던 김우정,『월봉해상록(月峯海上錄)』을 쓴 정희득, 그리고 임란 때 헤어졌다가 베트남에서 상봉하여 돌아온 최척과 옥영 부부의 이야기를 다룬『최척전(崔陟傳)』을 쓴 조위한 등이 알려져 있다. 그러나 다른 측면에서 한 걸음 더 들어가 보면, 고국이 그리워 모든 걸 버리고 일본에서 귀국하였지만, 조선 사회는 그들을 따뜻이 안아주기는커녕 때로는 왜놈이라 비난하거나 심지어는 잡아다가 노비처럼 부려먹기도 한 어두운 면도 있었다.

둘째는 일본에서 다시 노예로 팔려서 타국에서 일생을 마친 경우이

다. 해방 후 일본입국자수용소로 한국인의 귀에 익은 규슈 나가사키
(長崎)의 오무라(大村)와 히라도(平戶)에는 임진왜란 시기에 노예시장
이 형성되어 있었다. 이곳에서는 해외의 노예상인들에게 공공연히
조선인을 노예로 거래하는 매매가 이루어지고 있었다. 재일동포에게
악명 높은 오무라수용소가 있었던 오무라는 이미 수백 년 전부터 조
선인에게는 혹독한 곳이었다. 당시 규슈에서 선교활동을 하던 예수회
신부들이 영주에게 조선인의 노예 매매 금지를 호소하였고, 1596년
에는 노예무역에 관계한 기독교인은 파면한다는 통보를 했다는 자료
가 남아있는 것을 보아도 알 수 있듯이, 수많은 조선인이 노예시장에
서 팔려서 세계 각지로 퍼져나갔었다. 당시 마카오나 인도 고아의
노예시장에 조선인이 많았다는 사실만 전해질 뿐이다.

　특이한 예를 제시하면, 플랑드르의 화가로 유명한 루벤스의 소묘
작품인 〈한복 입은 남자〉(1617~1618년 작 추정)의 모델로 '안토니오 코
레아'가 있다. 이에 대한 이설은 차치하더라도, 안토니오 코레아는
1598년 3월 피렌체 상인 프란체스코 카를레티(Francesco Carletti)가
잠시 들른 일본 나가사키에서 노예로 산 조선인 5명 중 한 명이었다.
카를레티는 그가 실제 경험한 세계를 기록한『나의 세계 일주기』에
서 "코레아라는 나라는 9개의 주로 나뉘어 있으며, 일본군은 그 나
라로부터 엄청나게 많은 수의 남녀를 잡아다 헐값에 노예로 팔았는
데, 나도 그중 다섯 사람을 산 후 인도 고아까지 데리고 가서 자유인
으로 풀어주었다. 그중 한 사람은 플로렌스까지 데려왔는데, 지금은
안토니오 코레아라는 이름으로 로마에 살고 있다."라고 하고 있다.
이런 특수한 사례를 제외하고는 타국으로 팔려나가 살아갔던 조선

인들에 대한 기초적인 조사조차 미진한 실정이다.

 셋째는 일본에 끌려와 일본 안에서 생을 마친 경우이다. 대다수의 임란 포로가 여기에 해당된다. 일본 안에서 조선인은 노동력 착취의 대상으로 하층 일을 하며 생을 마쳐야 했지만, 특별한 기술이 있거나 학식을 인정받은 자들은 어느 정도 대우를 받기도 하였다. 아리타도자기(有田燒)의 시조로 추앙받은 이삼평(李參平), 사쓰마도자기(薩摩燒)를 만들고 오늘날까지 가업을 계승해온 심수관(沈壽官)과 같은 도공이나, 사가번(佐賀藩, 사가현) 유학의 개조가 된 홍호연(洪浩然)과 같은 유학자가 여기에 해당된다. 이외에도 의술이 있거나 약 제조, 두부 제조 등 각종 기술을 가진 수많은 조선인이 일본 각지에서 그들의 능력을 발휘하면서 생존해갔다. 도자기 제조처럼 영주가 보호할만한 특수한 기술을 가진 사쓰마번(薩摩藩, 가고시마현)의 심수관의 경우는, 조선인 마을을 형성하도록 하여 집단거주의 형태로 대를 이어 도자기업에 종사하도록 하였다. 이러한 특별한 경우를 제외하고 대부분은 개인 거주나 집단 거주의 형태로 일본인 사회 속에서 살아가면서 점차 융화되어 갈 수밖에 없었다. 여하튼 이들 조선인들이 근세 일본의 산업과 문화 발달에 적지 않은 공헌을 하였음은 일본에서도 인정되고 있다.

 그런데 일본에서 살아갈 수밖에 없게 된 피로인 중에는 일본의 무사 즉 '사무라이(侍)'가 된 특별한 사례가 발견된다. 조선에는 없는 사무라이라는 새로운 직업과 신분을 갖게 된 것이다.

 여기서 사무라이란 주군을 모시는 무가(武家)의 가신으로, 허리에 크고 작은 두 자루 칼을 차는 권리가 인정되었고 성(姓)을 가질 수 있었다. 근세 일본 즉 에도시대(江戶時代, 1603~1867) 초기까지는 주군

의 명에 따라 전투를 직업으로 하는 무사 전반을 가리키는 용어였는
데, 점차 무사계층 중에서도 특정한 존재나 상급 무사에 한정하여
사용되었다. 에도시대 초기의 오사카성 여름전투(1615년) 이후에 전쟁
이 없는 안정된 시기가 지속되고 사농공상(士農工商)의 신분제 사회가
확고히 자리잡아감에 따라서, 사무라이는 사(士)에 해당되는 지배층
으로서 관리 역할을 담당하는 형태로 고착화되어 갔다. 이러한 사회
적 신분이나 역할이라는 측면에서 보면 에도시대의 사무라이는 조선
시대의 양반에 해당된다고 할 수 있다.

　본서의 주인공 김여철이 바로 이러한 사무라이였다. 일본 역사상
그것도 조선인은 물론이고 외국인 중에서 가장 높은 자리에 오른 상
급 사무라이였다.

　조선인 김여철, 그는 조선에서는 어떤 인물이었으며 어떻게 일본에
끌려갔는가? 어떤 연유로 사무라이가 되었는가? 그리고 어떻게 하여
많은 봉록을 받는 상급 사무라이의 위치에 오를 수 있었는가? 그는
어떤 일을 하였고, 그의 후손들은 어떻게 살아왔는가? 21세기를 사는
우리는 과연 그의 일생을 어떻게 보아야 할 것인가? 이러한 의문점을
갖고 김여철의 일생에 대해서 하나하나 확인해보고자 한다.

김여철의 내력

1. 한림학사의 자제

　이례적으로 일본에서 출세한 조선인 김여철에 관한 기록과 관련 흔적이 그가 일생을 보낸 가나자와시(金澤市)에는 적지 않게 남아있다.[3] 가나자와시는 동해의 맞은편에 있는 혼슈(本州)의 중앙부에 위치

3　김여철에 대한 기록은 가나자와시립도서관 「가에쓰노(可越能)문고」에 소장되어 있다. 김여철이 작성한 혹은 김여철에 관한 기록은 상당한 분량에 이르는데, 그의『家傳』,『脇田如鐵覺記』,『如鐵家傳記』,『侍帳』등에 대한 연구는 연구보고서 형태로, 쓰루조노 유타카(鶴園裕),『日本近世初期における渡來朝鮮人の硏究 -加賀藩を中心に-』(1990年度科學硏究費補助金硏究成果報告書)에 비교적 잘 정리되어 있다. 김여철과 관련된 주요 목차만을 제시하면, 「加賀藩における渡來朝鮮人」, 「加賀藩家臣團編成と脇田直賢(如鐵)」, 「家傳-金(脇田)如鐵自傳-」, 「脇田如鐵關係史料集」등이 있다. 본서는 가나자와대학의 쓰루조노 교수를 비롯한 연구자들의 연구 성과에 힘입은 바 크고, 특히 쓰루조노 교수가 직접 김여철/와키타 나오카타 관련 유적지를 안내해주었다. 여기에 표기하여 감사를 표한다.

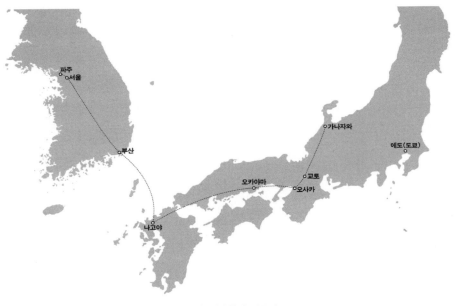

[사진 1] **김여철의 이동경로**

한 이시카와현(石川縣)의 현청소재지로, 에도시대에는 가가번(加賀藩)
의 중심지였다. 이 가가번은 쇼군(將軍, 막부의 수장으로 실질적인 일본
통치자)의 직할령 다음으로 큰 영지로 마에다(前田) 집안이 대대로 통
치하였는데, 이 마에다 번주의 가신 중의 한 명이 김여철이었다.

그렇다면 김여철은 한반도와 가까운 규슈나 서일본 지역도 아니고
더 멀리 떨어진 가가번으로까지 어떻게 하여 오게 되었는가? 이를
알게 해주는 정확한 자료가 있다. 김여철이 75세가 되어서 번주의
허락을 받아 은퇴하는데, 다음 해 사망하기 전에 공직 생활 중에 주고
받은 중요한 편지 등과 함께 본인의 일생을 전기로 작성하여 후손들

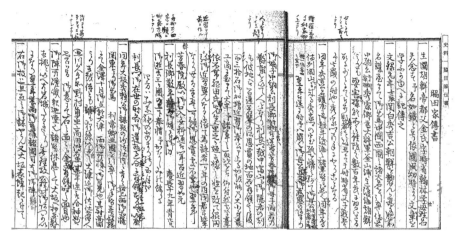

[사진 2] 『여철가전기(如鐵家傳記)』

에게 남겨둔다. 이렇게 김여철이 말년에 작성한 『여철가전기(如鐵家傳
記, 이하 家傳)』가 가나자와에 전해 내려오고 있다.

『가전(家傳)』은 김여철이 본인의 내력을 명확히 밝히는 것에서부
터 시작하고 있다.

> 나는 조선국 서울(帝都)에서 태어났다. 아버지는 김씨이고 자(字)는
> 시성(時省)으로 한림학사였다. 어머니 성명은 잊었다. 내 이름은 여
> 철(如鐵)이라 했다. 나라의 풍습에 따라 어려서부터 한문을 배운 연
> 유로 이를 기록할 수 있다.
>
> — 『여철가전기』[4]

---

4   김여철이 말년에 작성한 『가전(家傳)』은 필사되어 5종류가 내려오는데, 그 표제는
    「家傳」, 「如鐵家傳記」, 「脇田家傳書」 등으로 내제(內題), 외제(外題) 간에 차이가 있는
    것도 있지만, 그 내용상으로 큰 차이가 보이지 않는다. 笠井純一, 「家傳-金(脇田)如鐵自

첫 문장에서부터 본인은 조선인임을 명기하고 있다. 서울 양반집의 아들로 태어났으며, 아버지의 직업과 이름이 한림학사 김시성(金時省)임을 밝히고 있다. 본인은 조선인이고 아버지 이름과 본인 이름만은 평생 잊지 않고 선명히 기억하고 있었던 것이다. 이『가전』이 7살 때 일본에 끌려가 약 70년을 일본에서 살다가 사망하기 직전에 기록한 것임을 상기하면서 더 살펴보자.

서울을 '제도(帝都)'라 표기하고, 이후 문장에서 당시 일본의 수도였던 교토를 '경도(京都)'라 표기하는 것으로 보아, 의도적으로 조선과 일본의 수도를 구별하고 있음을 알 수 있다. 뒤이은 문장에서 "나라의 풍습에 따라 어려서부터 한문을 배운 연유로 이를 기록할 수 있다."라는 문구로 보아 어려서부터 한문을 배우는 양반 집안의 출신으로, 일본과 다른 문화국으로서 고국 조선에 대한 깊은 자부심과 그리움이 엿보인다고 할 수 있다.

본인의 이름이 '여철(如鐵)'인 것은, 그가 어릴 때 이름 즉 아명만을 기억할 수밖에 없었기 때문이다. 당시 유아 사망률이 높았던 조선시대에는 갓 태어난 애의 이름이 너무 예쁘거나 좋으면 귀신이 잡아가거나 안 좋은 일이 생길 거라 생각하여, 악귀를 막는 의미가 들어가거나 일부러 천한 이미지의 이름을 붙여서 아명으로 불렸던 풍습이 있었다. 아마 그래서 '쇠돌이'나 '쇠똥이'라 불렸던 것을 한자로 여철(如鐵)이라 표기했을 거라 추측된다. 일반적으로 조선 양반은 성인이 되면 족보의 항렬에 따른 정식 이름을 갖게 되지만, 김여철은

傳一」; 鶴園裕, 『日本近世初期における渡來朝鮮人の硏究-加賀藩を中心に-』참고. 본고에서는 笠井純一가 번각한 『여철가전기(如鐵家傳記)』를 중심으로 인용하였다.

그러기 전에 일본에 붙잡혀왔기 때문에 아명을 영원한 본인의 조선 이름으로 갖게 된 것이다.

한편 아버지 직업을 한림학사로 기억하고 있는 것이 주목된다. 조선시대에는 한림학사라는 정식 관직명은 없었지만, 국왕의 교서(敎書) 및 칙령의 기록을 맡아보던, 고려시대의 한림원과 같은 역할을 한 예문관(藝文館)을 한림원(翰林院), 사림원(詞林院) 혹은 원봉성(元鳳省), 문한서(文翰署)라고도 하였다. 이 예문관에서 실무진인 봉교(奉敎, 정7품) 이하는 전임관으로 한림(翰林)이라고도 칭하였다. 즉 한림은 사관(史官)으로서 시정기(時政記)·사초(史草) 등을 기록하는 중요한 직책이었으므로 직위보다는 영예를 중히 여기는 문인들이 높이 평가하였다. 여철이 부친을 한림학사로 기억하고 있는 것도 이러한 사회 분위기에 따른 것일 것이다. 참고로 홍문관·예문관의 대제학은 대개 한 사람이 겸하는 것이 상례였고, 대제학이 문한(文翰)을 전적으로 맡았기 때문에 문과 출신 관리의 최고 영예로 여겼다.

어쨌든 이미 가가번 1천5백 석의 가신으로 출세한 김여철이, 앞으로도 가가번의 사무라이로 살아갈 후손에게 전하는 『가전』의 첫 문장에서부터 본인이 조선학자의 혈통임을 밝히고 있음이 주목된다.

그리고 뒤이은 문장에서 어린 나이에 포로가 된 경위를 다음과 같이 담담히 표현하고 있다.

분로쿠 원년(文禄元年, 1592년) 임진년, 관백 히데요시(關白秀吉) 공이 조선을 공략하기 위해 히젠 나고야(肥前名護屋, 규슈의 조선 출진 기지)까지 출진하였다. 주고쿠(中國, 서일본의 지방명), 시코쿠(四國,

일본 4대 섬 중의 하나)의 다이묘(大名, 지방 영주)들을 인솔하고, 비젠
주나곤(備前中納言)[당시 재상] 히데이에(秀家) 경을 대장군으로 삼
아, 크고 작은 부대를 이끌고 부산포로 건너갔다. 조선에서도 요새를
구축하고 곳곳에서 방비를 하였지만, 수백 년간 싸움에 익숙하지 않
았기 때문에 곳곳에서 격파당하고, 서울에서도 패했다. 이때 시성(時
省) 부자(父子)가 전사(戰死)하였다. 내가 7살 때이다. 히데이에 경의
수하에게 사로잡혔다.   - 『여철가전기』(강조색 필자에 의함, 이하 동일)

 히데요시의 조선 침공으로 오랫동안 전쟁이 없이 평화롭게 살아온
조선은 일본군에게 연패하였고 서울마저 내준 상황을 객관적으로 간
략히 묘사하고 있다. 임진왜란 첫 해인 1592년, 본인이 7살 때 부친이
서울에서 일본군과 싸우다 전사하였고, 본인은 당시 재조선일본군의
총지휘관이었던 우키타 히데이에(宇喜多秀家)군에게 붙잡혔다고 기술
하고 있다.

 서울 함락 때 시성 부자(父子)가 전사했다는 것으로 보아 김여철의
다른 형제도 그때 죽었고, 본인만 살아서 우키다 히데이에의 부하들
에게 생포되었다고 하고 있다. 그런데 이러한 기술을 그대로 받아들
이기에는 문제가 있다. 당시 서울은 일본군과 공방전이 벌어진 격전
지가 아니었다. 국왕 선조가 피난을 떠나서 도성을 싸우지 않고 일본
군에게 넘겨준 것이 역사적 사실이다. 더구나 김여철의 아버지는 문
인으로 조선에서 선망받는 한림학사였는데 왜 서울에서 전사한 것으
로 기록한 것일까. 여기에 김여철의 숨은 의도가 있지는 않은가?

2.『동국 신속 삼강행실도』속의 김시성

김여철의 아버지인 한림학사 김시성(金時省)이란 인물에 대해 현재까지 한일 양국에서 알려진 바가 없었는데, 필자는 김시성으로 추정되는 인물에 대한 기록을 두 가지 제시하고자 한다.

먼저『동국 신속 삼강행실도(東國新續三綱行實圖)』에 나타난 김시성의 죽음에 관한 일화이다.『동국 신속 삼강행실도』는 통칭『신속 삼강행실도』라고 하는데, 그 핵심은 동국 즉 조선의 충·효·열 삼강(三綱)의 사례를 보여줌으로써, 임진왜란 이후 유교 가치관의 재정립을 꾀한 일종의 국민교과서라 할 수 있다. 전란 기간 중 휴전 시기였던 1595년(선조 28)에 편찬의 필요성이 제기되었으나 자료 부족 등으로 지지부진하다가, 임진왜란이 끝난 1601년 편찬에 착수하였다. 광해군이 즉위한 후 본격적으로 사업이 추진되어 1614년 찬집청이 설치되고 이듬해 10월 편찬을 완료하였다. 그리고 마침내 1617년(광해군 8)에 충신 1권, 효자 8권, 열녀 8권, 합 17권을 목판본으로 간행하였다. 이『동국 신속 삼강행실도』는 조선시대 전기부터의 중국「삼강행실도」편찬의 전통을 이어받았지만, '동국' 즉 조선이란 의미를 명확히 드러낸 점, 주로 임진왜란 때 충·효·열의 삼강을 지킨 조선 인물들의 일화를 모아 조정이 실제 조사를 통해 확인하고 수록한 점에 특색이 있다. 최종적으로 충신 94명, 효자 724명, 열녀 779명으로 총 1,597명을 선발하여, 그들의 행실을 한문과 한글로 기록하고 그림을 덧붙인 형태로 간행되었다.

그런데 그 안에「이자활모(二子活母, 두 자식이 어미를 살리다)」란 제목 아래 김시성의 죽음이 다음과 같이 기록되어 있다.

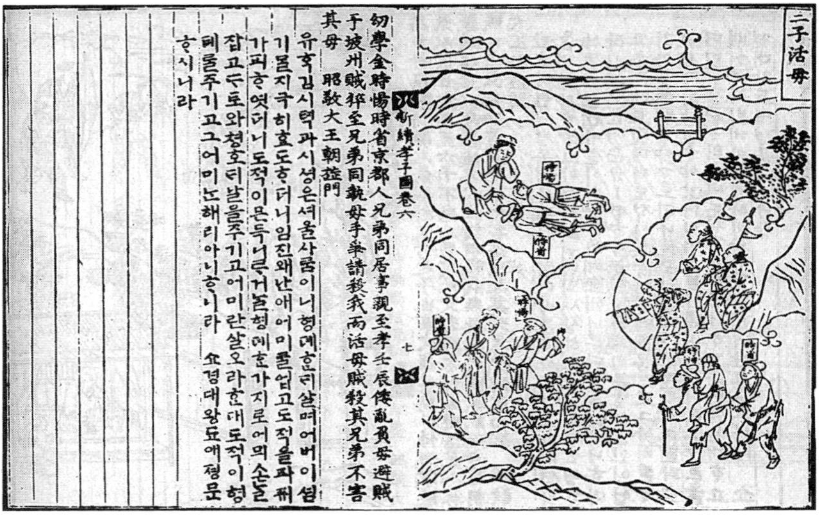

[사진 3] 「二子活母」『동국 신속 삼강행실도』

[한글] 유혹김시텩과시셩은셔울사룸이니형뎨흔디살며어버이셤기물
　　　지극히효도ᄒ더니임진왜난애어미룰업고도적을파쥐가피ᄒ엿더
　　　니도적이문득니ᄅ거늘형뎨흔가지로어믜손놀잡고ᄃ토와쳥호디
　　　날을주기고어미란살오라ᄒ대도적이형뎨룰주기고그어미ᄂ해티
　　　아니ᄒ니라 쇼경대왕됴애졍문ᄒ시니라

[한문]　幼學金時愓時省京都人兄弟同居事親至孝壬辰倭亂負母避賊于坡
　　　州賊猝至兄弟同執母手爭請殺我而活母賊殺其兄弟不害其母 昭敬大
　　　王朝旌門[5]

[현대문] 유생 김시척과 시성은 서울 사람인데, 형제가 함께 살며
　　　어버이를 지극히 섬기며 효도하였다. 그러다 임진왜란 때에 어머

---

5 『원본 동국 신속 삼강행실도』, 대제각, 1988, 288쪽.

니를 업고 도적(일본군)을 피해 파주로 갔는데, 갑자기 도적이 나
타나자 형제가 서로 한가지로 어미 손을 잡고 다투어 청하기를
나를 죽이고 어머니를 살려달라고 하니, 도적이 형제를 죽이고
어미를 해하지 않았다. 소경대왕(昭敬大王, 선조) 때에 정문(旌門)
을 세웠다.

 긴 설명을 할 필요도 없이, 김시성(金時省)은 형인 시척(時惕)과 같
이 노모를 모시고 피난 가다가 일본군이 나타나자, 노모를 살리기
위해서 서로 앞다투어 목숨을 내놓다는 처절한 일화로, 효의 모범을
보여준 사례인 것이다. 목숨을 내던진 형제의 깊은 효심과 왜적의
잔인함이 잘 드러나 있고, 그림은 이러한 상황을 생생하게 묘사하고
있다. 효를 만행의 근본으로 가장 높은 가치덕목으로 삼은 조선시대
에 김시척, 시성 형제는 목숨을 던져 효를 실천한 귀감이 된 인물로
조정이 인정한 것이었다.
 일본군과 싸우다 전사한 것으로 기록한 김여철의 기록과는 큰 차
이가 보이는데, 이렇게 죽음으로 어머니를 구한 김시척·시성 형제
에 대한 이야기는 또 다른 자료에도 나타나 있다.

3. 광산 김씨의 후손

 광산 김씨의 족보를 기록한 『광산 김씨 세계도(光山金氏世系圖)』에
는, 25세손 사온직장공파(司醞直長公派) 부제학파(副提學派)의 시척·시
성 형제에 대해 다음과 같이 기록하고 있다.

시척(時惕) : 진사 시험에 합격하였고 선조조 임진왜란 때에 적을 피하여 가다가 어머니를 구하지 못하고 아우 시성과 함께 적의 칼에 같이 졸하니 통정대부 승정원 좌승지에 추증되었고 아울러 정려(旌閭)를 명받았다.

시성(時省) : 자(字)는 근부(謹夫)다. 성균관 진사로서 명종 무오 1558 년 문과에 급제하였다. 임진왜란 때 형 진사공과 함께 어머니를 구하려다가 구하지 못하고 적의 칼에 죽으니 조정에서 가상히 여겨 삼강록에 올리고 특별히 통정대부 승정원 좌승지에 추증하고 아울러 정려를 명받았다.[6]

이상의 기록을 보면 시척, 시성 형제의 죽음은 『동국 신속 삼강행실도』의 기록과 내용이 일치되고 있다. '시성(時省)'이란 한자 이름이 김여철이 기억하는 것과 똑같으며 임진왜란 때 왜적에게 죽음을 당했다는 점이 상통한다. 더욱이 성균관 진사로서 당시 한림학사로서 근무했는지 여부까지는 명확하지는 않지만, 김여철이 기억하고 있는 유학자라는 점에서 김시성과 일치한다고 할 수 있다. 따라서 김여철의 『가전』에 나오는 부친 한림학사 시성은 『동국 신속 삼강행실도』와 광산 김씨 족보에 기록된 김시성일 가능성이 크다고 할 수 있다. 조정으로부터 정려(旌閭)를 명받았다고 되어 있는데, 이는 조정이 인정하

---

6 『광산 김씨 사온직장공파보 권지 2』, 회상사, 2002, 63쪽, 64쪽.
한편 광산 김씨 홈페이지의 광산 김씨 약사에는, "충주에서는 김시척(時惕), 김시성 (時省) 형제가 난동하는 왜군에 잡혀가는 어머니를 구하려다가 세 모자가 함께 적의 칼날에 참혹하게 죽으니 나라에서는 이를 가상히 여겨 왕명으로 「삼강행실록」에 수록 케 하고 정려를 내렸다"고 하여 당시 노모까지도 결국은 살해당한 것으로 나와 있다.

는 충신, 효자· 열녀에 대해 그들이 사는 고을에 정문(旌門)을 세워 기리던 것으로 가문의 명예였음은 물론이다.

좀 더 광산 김씨의 족보를 살펴보기로 하자.

무릇 광산 김씨는 광주광역시 광산(光山)을 본관으로 하고, 김알지(金閼智)의 후손인 신라 신무왕(神武王)의 셋째 아들 김흥광(金興光)을 시조로 하는 한국의 대표적인 가문의 하나이다. 조선시대에 총 265명의 문과 급제자를 배출하였는데, 정승이 5명, 대제학이 7명, 청백리가 4명, 왕비도 1명이 나왔다. 이러한 명문 광산 김씨 5대파의 한 파인 사온직장공파의 후손에 김시성과 김여철이 속해있던 것이다.

사온직장공파는 17세(世) 사온직장공 김영(金英)을 파조(派祖)로 하는데 벼슬은 사온직장이요, 공조참의에 추증되었다. 그리고 사온직장공파 안의 한 파인 부제학공파는 23세(世) 부제학공 김내문(金乃文)에서 시작되었다.[7] 김내문은 김성원(金性源)의 8째 아들로 자(字)는 경야(景野)이고, 김시성의 할아버지이며 김여철의 증조할아버지에 해당된다. 1501년 문과에 급제하였고, 단양군수 등을 거쳐 사간원 사간에 제수되었으며 통정대부 홍문관 부제학으로 승진하였다. 후손이 없어서 일곱째 형인 말문(末文)의 아들 신(紳)이 양자가 되어 대를 이었다.

24세(世) 김신(金紳)은 승정원 우승지, 황해도 관찰사를 역임하였

---

[7] 조선 전기의 문신 광산 김씨 김성원(金性源)의 여덟 아들이 모두 생원, 진사에 합격하고, 그중 네 명은 대과에 합격하여 청관현직(淸官顯職)으로 출세한 것을 '팔문(八文)'이라 하였다. 이를 기려 세운 비석이 '광산 김씨 팔문 유허비(光山金氏八門遺墟碑)'인데, 이 8형제중의 막내인 김내문(金乃文)은 홍문관 부제학에 올랐기에 부제학공이라 하였다.
이상, 광산 김씨 사온직장공파와 김시성에 관해서 사온직장공파 상임고문이신 김철영(金哲泳) 선생님의 교시를 많이 받았다. 여기에 기록하여 감사의 예를 표한다.

고, 슬하에 2남 3녀를 두었는데, 바로 2남이 시척, 시성 형제인 것이다. 그리고 시성의 둘째 아들이 일본에 끌려간 여철인 것이다.

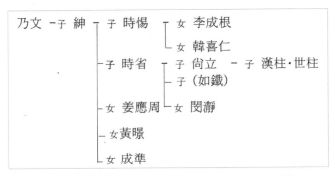

〈김시성의 간략 가계도〉(광산 김씨 김철영 선생님에 의함)

그럼 위 가계도에 따라 여철의 아버지인 시성과 여철의 형인 상립(尙立)에 대해서 좀 더 살펴보자.

사온직장공파 홈페이지를 보면, 조선시대 생원, 진사시험의 합격자 명부인 『사마방목(司馬榜目)』에, 김시성은 자(字)는 근부(謹夫)이고 1550년생으로 3등 10위로 합격했다고 나와 있다. 문과 급제자가 수록된 『국조방목』에는 시성이란 이름이 보이지 않는 것으로 보아, 누락되었을 수도 있고, 그렇지 않다면 그 후 성균관 진사로서 조선시대 문인의 엘리트코스를 밟아가다가 임진왜란을 맞이한 것으로 추측된다.

여철의 형으로 기록된 김상립(金尙立)은 1570년생으로, 자(字)는 이현(而顯)이다. 1609년(광해군 1) 증광시 진사 3등 52위로 합격하였고, 참봉(參奉)을 지냈다. 김여철이 1586년생이므로 형과 나이 차이가 16년

이나 난다. 따라서 임진왜란 때 어린 김여철과 달리 김상립은 이미
장성한 상태로, 아마 출가하여 아버지 김시성과 다른 행로로 피난했기
때문에 살아남았던 것으로 보인다.

이후 김상립·김여철 형제와 그 뒤를 이은 후손들은 서로의 생사
나 일체의 소식을 모른 채, 한일 양국에서 각각 오늘날까지 살아왔
다고 할 수 있다.

4. 효를 위한 죽음인가 전사인가

가가번의 역사를 기록한 『가가번사고(加賀藩史稿)』에도 김시성과
관련하여, "우키타 히데이에가 사령관이 되어 부산포에 도착했다.
진공하여 경성(京城, 서울)에 들어갔다. 그때 시성(時省)이 방전(防戰)하
다가 죽었다. 이때 나오카타(直賢, 여철의 일본명) 7살이었다."라고 김시
성의 죽음을 전사로 표기하고 있다. 이러한 내용은 당사자인 김여철
이 제공했을 것으로 추측되고, 그 내용 또한 김여철이 말년에 쓴 『가
전』과도 일치하고 있다.

그런데 조선의 기록인 『동국 신속 삼강행실도』에서는 파주로 피신
하다가 왜적을 만나게 되자 노모를 살리기 위해서 목숨을 내놓은 것
으로 나와 있고, 광산 김씨 족보에도 비슷하게 나와 있다. 『동국 신속
삼강행실도』는 조정에서 공적으로 심사와 사실 확인 등을 거친 작업
의 산물이라는 점, 기술된 내용이 구체적이고 실제의 정황에 부합된
다는 점, 그리고 그 현장에서 김여철이 잡혀서 일본으로 끌려왔다는
사실 등을 고려하면, 이 기록은 사실(事實)이라고 추론할 수 있다.

당시 어린 김여철이 할머니를 모시고 피난을 떠난 부친을 따라갔기에, 우키타 히데이에 군에게 아버지가 살해당했을 때 그 현장에 있었을 것이고, 그렇기 때문에 붙잡혀 일본에 끌려온 것이다. 그렇다면 김여철은 일부러 이러한 사실을 숨기고, 부친의 죽음을 사실과 달리 한양성 공방전에서 전사했다고 한 이유는 무엇일까. 그 이유는 정확히 알 수 없지만 몇 가지 추측할 거리는 있다. 하나는 근세 초기의 일본 사회에서 무사란 전쟁터에서 싸우다 죽는 존재로 인식되었고, 그러한 죽음이 무사다운 죽음으로 명예롭다고 여기는 분위기가 그 배경에 있다. 둘째는 일본에서의 기사 내용이 모두 김여철의 입에서 나온 개인 비사이다. 특히 김여철이 쓴『가전』은 훗날 일어날 소지가 있는 논란거리를 불식시키기 위해 사실관계를 명확히 해두고, 주군과의 밀접한 관계도 제시해두고 있다. 이를 통해서 후손들이 비록 조선인의 후손이지만, 가가번에서 사무라이로 가문을 유지하며 살아가는 근거를 주기 위한 목적으로 작성한 것이다. 후손들을 위해 아버지의 죽음을 사실 그대로가 아닌, 즉 조선 유학자가 아닌 사무라이에 걸맞게 만들 수밖에 없었던 데에 김여철의 깊은 고심이 있었던 것이 아닐까. 효를 위한 유학자의 죽음이 무사다운 전사로 변환될 수밖에 없었던 원인이 여기에 있다고 생각된다.

5. 어린 피로인 김여철

한편 우키타 히데이에 군에게 붙잡힌 어린 김여철은 어떻게 되었을까. 그는 우키타 히데이에의 영지였던 오카야마(岡山)로 끌려왔다가,

그 후에 마에다(前田) 집안의 영지인 가나자와(金澤)로 오게 되는데, 그 과정을 다음과 같이 기술하고 있다.

> 나는 그해 말, 비젠(備前) 오카야마(岡山)로 왔다. 히데이에 경의 부인께서 고아 된 나를 불쌍히 여기시어 이듬해에 어머니[호슌인(芳春院) 님이라 칭한다. 종일위(從一位)로 추증된 도시이에(利家) 경, 당시 재상의 정실이다.]께 보내셨다. 당시 나는 8살이었다. 호슌인 역시 매우 자비심이 넘치시어 적장자이신 주나곤(中納言) 도시나가(利長)[당시 시종(侍從)] 경에게 나를 보내셔서, 호슌인 님 모자 두 분의 양육으로 성장하였다.
>
> — 『여철가전기』

우키타 히데이에는 약관의 나이임에도 도요토미 히데요시의 조카라는 이유로 다른 쟁쟁한 무장들을 물리치고 재조선일본군의 총대장에 임명되어 조선에 출전하였다. 우키타 히데이에의 정실부인은 도요토미의 양녀이며, 원래는 도요토미 정권 이래로 막강한 힘을 지닌 마에다 도시이에(前田利家)의 4녀인 고히메(豪姬)였다. 이러한 사정으로 이들 부부는 도요토미 정권하에서 승승장구하였던 것이다. 당시 조선에서 우키타 히데이에군에 붙잡혀 그의 영지인 오카야마로 끌려온 어린 김여철은, 우키타의 부인인 고히메의 보살핌을 받다가, 얼마 지나지 않아서 고히메의 주선으로 친정인 가나자와로 보내진다. 가나자와는 마에다 집안의 영지로 가가번의 중심지이다. 가나자와성에 보내진 8살 김여철은 마에다 도시이에의 부인으로 마에다 집안의 안주인인 호슌인(芳春院)의 총애와 배려를 받아, 도시이에의 장남으로 번주가 될 마에다 도시나가(前田利長)의 수행비서로서 가나자와성 안에서

[사진 4] **김여철이 성장한 가나자와성 전경**

생활하게 된다. 즉 8살 소년 김여철은 고히메의 호의로 가나자와에 보내져 호슌인과 도시나가, 이들 모자의 보살핌 속에서 가나자와에서 번주를 모시는 무사로 성장하는 운명이 된 것이다.

또 다른 가가번의 근세 자료집에는 김여철이 일본에 도착했을 때의 일화를 다음과 같이 전하고 있다.

여철이 포로가 되어 일본에 처음 도착했을 때, 히데요시 공의 어전에서도 양반과 서민의 구별이 행해졌는데, 어린 애들은 더욱이 말이 통하기 어려웠다. 여철 외에도 붙잡혀온 어린애가 한 명 있었다. 그때 도산(道三)이라는 의사가 두 아이에게 조선에서 배운 노래를

부르게 하였다. 두 아이 모두 노래를 불렀는데, 여철의 노래는 운율
에 맞고, 다른 아이 한 명의 노래는 운율에 맞지 않았다. 그래서
여철이 양반의 자식임을 모두 알게 되었다.[8]

이와 같이 실제로 김여철이 히데요시의 앞에까지 가게 되었는지
역사적인 근거는 명확하지 않지만, 우키타 히데이에의 영지였던 오
카야마로 이동하기 전에 당시 조선출병기지였던 규슈 나고야(名護
屋)에 일단 머물렀을 때의 일로 추측된다. 위의 일화는 비록 김여철
이 어린 나이지만 이국땅에서 기가 죽지 않고 상당히 영민하였음을
말해주고 있다. 나아가 당시 일본에서 피로인들을 양반과 서민으로
구별하려고 하였고, 양반을 인정하는 분위기였음을 알 수 있다.

---

8   金澤市立圖書館加越能文庫, 『混見摘寫』 卷12.

가가번과 김여철 관련 인물

가나자와성에서 성장한 김여철은 이후 가가번의 사무라이로서 일생을 살아가게 되는데, 김여철의 일생을 정확히 이해하기 위해서는 조선과는 다른 에도시대의 시스템, 특히 가가번과 사무라이에 대한 기본 사항을 파악해둘 필요가 있다. 이를 위해서, 조선 유학자의 아들인 김여철이 어떻게 하여 일본 사무라이 세계 속에서 출세하게 되었는지 살펴보기 전에, 근세 일본에서 가가번의 위치와 무사 체제 그리고 김여철을 둘러싼 중요 인물들에 대해 간단히 정리해두고자 한다.

1. 가가번의 무사 체제

에도시대의 일본은 조선과는 기본적인 체제와 용어가 다르다. 먼저 에도시대란 보통 도쿠가와 이에야스(德川家康)에 의해 성립된

막부(幕府)가 통치했던 시기를 말한다. 막부가 에도(江戶, 도쿄)에 있었기에 에도막부(江戶幕府)의 '에도시대' 혹은 대대로 도쿠가와 씨가 막부의 수장인 쇼군(將軍)으로서 통치했으므로 도쿠가와막부(德川幕府)의 '도쿠가와시대'라고 하고, 보통 근세 일본이라고도 한다. 근세 일본은 시기적으로는 에도막부가 성립된 1603년(혹은 그 이전의 오다 노부나가와 도요토미 히데요시의 통치기를 포함하기도 함.)부터 메이지유신이 일어난 1868년까지를 말한다. 엄밀히 말하면 1867년의 대정봉환(大政奉還), 즉 제15대 도쿠가와 쇼군(德川將軍)이 일본 통치권을 스스로 교토 조정에 반환하는 때까지이다. 에도시대에는 교토 조정으로부터 통치권을 위임받은 도쿠가와 쇼군이 실질적인 중앙정부로서 전국을 통치하는데, 각 지방은 여러 번(藩)으로 나뉘어져 있었다. 이들 번들은 외교와 국방 등의 분야를 제외하고는 번주가 실제적으로 지배하는 소국가로, 중앙은 막부, 지방은 번으로 되어있는 이른바 '막번체제(幕藩體制)'를 취하고 있다.

1만 석 이상의 영지를 '번(藩)'이라 하고, 이를 통치하는 지방 영주를 번주(藩主) 혹은 일반적으로 '다이묘(大名)'라 한다. 에도시대에는 300개에 가까운 번이 있었는데, 이들은 각각 반독립국 형태로 막부로부터 지배권을 위임받은 다이묘가 지배하였다. 이들 번을 '구니(國)'라고도 하였다. 참고로 메이지유신 이후에 이들 번을 통합 조정하여 성립된 것이 현재의 '현(縣)'으로, 현재 일본 지방자치제의 근간을 이루고 있다.

에도막부는 쇼군 직할령과 직속 가신들의 영지를 합하면 대략 7백만 석 정도였다. 그 다음으로 큰 번은 가가번(加賀藩, 이시카와현)으로

백만 석(정확히는 1,025,000석), 그 다음으로는 사쓰마번(薩摩藩, 가고시
마현)이 77만 석이었고, 60만 석 이상의 번은 오와리번(尾張藩, 아이치
현)과 센다이번(仙臺藩, 미야기현)뿐이다. 교토 조정도 10만 석에 불과
하였으며 10만 석 이하의 번들이 많았다. 이런 점을 고려하면, 에도막
부 다음으로 두 번째로 큰 가가번 백만 석은 일반 번들과 다른 초대형
번으로, 가가번주를 세습한 마에다 집안은 일반 다이묘들과는 급이
다른 대다이묘(大大名)였음을 알 수 있다.

에도막부는 다이묘들을 통제하기 위한 제도적 장치로서 참근교대
(參勤交代)제를 실시하였다. 참근교대제에 의해 각 번의 다이묘는, 에
도와의 거리에 따라 차이가 있지만, 일반적으로 1년 동안은 에도에
거주하고 다음 1년은 영지에 돌아가서 통치하였다. 정실부인과 그
자식들은 일종의 인질처럼 에도에서 계속 거주하도록 제도화했다.
각 번주들은 번의 규모에 따라 정해진 격식에 맞게 행렬을 지어 영지
와 에도를 오가야 했는데, 이로 인하여 각 번의 재정축척에 따른 군비
지출을 막을 수 있었고 막부 통치를 공고히 할 수 있었다. 다른 관점에
서는 참근교대제가 근세 일본의 교통, 숙박업 등 상업이 발전하는데
기여한 측면도 있었다.

각 지방의 영주인 번주가 에도에 거주하는 집을 번저(藩邸)라고 한
다. 예를 들어 오늘날의 도쿄대학 혼고(本鄉) 캠퍼스 부지는 가가번
마에다번주의 번저자리를 메이지정부가 수용한 것이고, 흔히 도쿄
대학의 상징으로 알려진 아카몬(赤門)도 1827년 가가번주가 에도막
부 11대 쇼군 도쿠가와 이에나리(德川家齊)의 딸을 정실부인으로 맞
이하는 것을 기념하여 세운 것이다.

흔히 번의 규모를 말할 때 '석(石)'이란 용어를 사용하는데, 이는 토지의 쌀 생산량을 말한다. 석의 대소 정도에 따라 번 즉 다이묘의 격이 정해졌으며, 또 막부는 이 석을 기준으로 모든 군역을 할당하였다. 여기서 1석은 보통 한 사람이 1년간 먹을 수 있는 쌀의 양으로 간주되어, 거칠게 표현해서 10만 석이라면 대략 10만 명이 사는 번이라 볼 수 있다. 시기에 따라 다르기는 하지만 1석은 쌀 150kg로, 당시 서민들은 보통 한 가족이 10석 정도면 충분히 살 수 있었다. 무사들의 봉록도 이 석을 기준으로 하여, 하급 무사는 30석, 중급 무사는 1백 석 정도를 받았다. 가가번에서는 1천 석 이상이 되어야 상급 직책을 맡을 수 있었는데, 김여철은 훗날 1천5백 석을 받은 가가번의 상급 사무라이였던 것이다.

가가번은 번의 시조로 모시는 마에다 도시이에(前田利家, 1538~1599)가 이 지역의 중심지인 가나자와에 입성한 1583년부터 메이지시대에 이르기까지 마에다 집안이 14대 동안 대를 이어 지배하였다. 가가(加賀, 이시카와현 남부), 노토(能登, 이시카와현 북부반도), 엣추(越中, 도야마현) 지역의 대부분을 영지로 하는 대다이묘(大大名)로서 에도막부로부터도 특별한 대우를 받았다. 또한 가가번 가신 중에는 다이묘격인 1만 석 이상의 봉록을 받는 특별한 가신이 8집안이나 있었다. 이들은 '가가 8가(加賀八家)' 혹은 '마에다 8가(前田八家)'라 불리며, 그 직위의 세습이 인정되었고, 특별히 무가관위도 하사되었다.

가가번의 직속 무사조직은 1천 석에서 5만 석을 받는 최상급 사무라이(上士 : 人持組頭、人持組), 80석에서 2천4백 석을 받는 보통 사무라이(給人 : 平士), 하급 사무라이(下士 : 與力 등), 졸병(卒 : 足輕 등)으로 나누어진다. 최상급 가신단인 진지구미(人持組)를 지휘하는 진지구미대장(人持組頭)은 '가가 8가'가 담당하였고, 번의 중신으로 번 정치에 참여하였다. 예를 들어 이 중 필두 가신(筆頭家老)인 혼다(本多) 집안은 여타 다이묘 수준인 무려 5만 석의 봉록을 받았다. 최상급 가신단인 진지구미 자체도 적어도 1천 석 이상에서 많게는 1만 석 이상의 높은 봉록을 받는 집안이 담당했는데, 이들 중에서 실력을 인정받으면 때로는 가로(家老) 등의 중직을 맡기도 하였다. 진지구미에 속한 이마에다 집안(今枝家), 쓰다 집안(津田家) 등의 4집안은 봉록이 1만 석 이상이었으므로, 가가번에는 다이묘가 12명이나 있다고 말해질 정도였다.

그 다음 등급이 영지를 받는 사무라이로 약 1천4백 집안이 있었다. 김여철처럼 1천 석 이상을 받은 가신은 진지구미를 포함하여 가가번에 모두 약 140집안만이 여기에 해당된다. 그 다음으로 하급 사무라이인 요리키(與力)나 최하위 보병 무사인 아시가루(足輕) 등을 포함하면, 가가번의 총 무사수는 적어도 1만 5천 명 이상으로 여타 번과는 규모가 달랐다.

참고로 근대 들어서 메이지정부는 1백 석 이상을 상급 사족(上士)으로 하고, 하급 무사까지를 사무라이 신분을 지닌 사족(士族)으로 인정하였다.[9]

---

9 메이지 초기에 사무라이의 가격(家格)을 가가번에서는 다음과 같이 정했다. 가가 8가 (加賀八家)를 '上士上列', 人持組를 '一等上士', 頭役·頭竝를 '二等上士', 平士를 '三等上士', 與力를 '一等中士', 御步를 '二等中士', 御步竝를 '下士'로 하였다. 이에 따라 1백 석 이상의 平士로부터 그 위를 上士로 하고, 與力에서 御步竝까지를 사족(士族)으로 편입하였는데, 이들을 下士로 하였다. 그 아래의 足輕·小者 이하를 '卒族'로 하는 3단계로 사무라이의 등급을 나누었다.

2. 김여철 관련 중요 인물

1) 우키타 히데이에

어린 김여철을 끌고 온 우키타 히데이에(宇喜多秀家, 1572~1655)는 오카야마(岡山)성의 성주로 약 57만 석의 영주였다. 관례를 치르면서 도요토미 히데요시(豊臣秀吉)로부터 이름자의 하나인 '秀(히데)'를 하사받아서 히데이에(秀家)라고 일컬어졌다. 이처럼 절대 권력자가 된 도요토미 히데요시의 총애를 받아서 그의 조카가 되었고, 1588년에는 히데요시의 양녀(실상은 히데요시와 매우 가까운 사이였던 마에다 도시이에의 넷째 딸)가 된 고히메(豪姫)와 결혼도 하였다.

도요토미의 조선 침략 때에는 20세의 어린 나이임에도 불구하고 전국시대의 맹장들을 제치고 재조선일본군의 총대장으로 임명되었다. 1만 명의 휘하부대를 이끌고 서울과 경기도 일대에 주둔하며 행주산성 전투 등에도 참전하였는데, 이 시기에 그의 부대가 김시성, 시척

[사진 5] **김여철을 붙잡아온 우키타 히데이에**

형제를 죽이고 김여철을 붙잡아 영지로 데리고 온 것이다. 도요토미가
명나라를 정복하면 중국이나 조선의 통치자로 히데이에를 내정하려
고 했다고 알려져 있다.

　정유재란 때에는 남원성 공략을 하였고 순천왜성을 쌓는 등의 역할
을 하였다. 1598년 도요토미가 병사하고 일본군이 조선에서 철수함으
로써 임진왜란은 끝이 나지만, 일본 국내는 권력 쟁탈전의 소용돌이
속으로 휘말려갔다. 다음 해인 1599년에는 도요토미 하데요시의 어
린 아들인 히데요리(豊臣秀賴)의 후견인이었던 마에다 도시이에마저
사망하자, 도요토미 정권은 가토 기요마사(加藤淸正), 후쿠시마 마사
노리(福島正則) 등의 무단파(武斷派)와 이시다 미쓰나리(石田三成), 고니
시 유키나가(小西行長) 등의 문치파(文治派) 사이의 대립과 갈등이 노골
화되는데, 우키타 히데이에는 문치파를 지원하는 입장을 취하였다.
결국 1600년, 무단파마저 도쿠가와 이에야스 측(동군)에 합세하여 문
치파를 중심으로 한 서군과 일본 패권을 놓고 한판 승부를 벌이게
된다. 교토로 가는 길목인 세키가하라에서 벌어진 '세키가하라(關が
原) 전투'에서 우키타 히데이에는 서군의 주력부대가 되어 참전하지
만, 결국 서군은 참패하고, 이제 일본은 도요토미에서 도쿠가와의
천하로 바뀌어버린다.

　그 후 패장 우키타 히데이에는, 처가 쪽의 마에다 도시나가(前田利
長)가 도쿠가와 이에야스에게 간청하여 겨우 사형은 면하게 되고, 머
나먼 하치조지마(八丈島)섬으로 유배되어, 그곳에서 사망할 때까지
긴 일생을 보내게 된다.

2) 고히메

오카야마로 끌려온 김여철을 불쌍히 여겨서 가나자와 친정으로 보
내 살게 해준 것은 고히메(豪姬, 1574~1634)였다. 고히메는 마에다 도
시이에와 정실인 호슌인(芳春院)과의 사이에서 4녀로 태어났다. 2살
때에 자식이 없었던 도요토미 히데요시의 양녀가 되었고, 나중에 우
키타 히데이에의 정실이 된 여인이다.

우키타 히데이에와의 사이에 3남 2녀를 낳았는데, 세키가하라 전
투에서 패한 뒤, 남편 우키타 히데이에와 아들들은 유배되었고, 고히
메는 도요토미 히데요시의 부인이며 자신의 양어머니인 기타노만도
코로(北政所, 이름은 네네)를 모시는 일을 하게 되었다. 그 즈음, 천주교
에 입교하여 '마리아'라는 세례명으로 세례를 받았는데 이 사실이 로
드리게스 신부에 의해 로마에 보고된다. 그리고 1607년경 막부의 허
락을 받아 친정인 가나자와로 돌아가서 여생을 보내게 된다. 이 시기
에 가나자와에서 김여철의 신앙에 영향을 주었을 것으로 추측된다.

[사진 6] 드라마 속의 고히메

3) 마에다 도시이에

김여철이 살아갔던 가가번의 기반을 만들어 가가번의 시조로 모셔지는 인물이 마에다 도시이에이다.

마에다 도시이에(前田利家, 1538~1599)는 일본 전국(戰國)시대의 대표적인 무장으로 도요토미 히데요시와는 각별히 가까운 사이로 알려져 있다. 오다 노부나가(織田信長)의 휘하에서 무공을 세워 두각을 나타내었고 결국은 가가(加賀) 지역을 하사받아 가가의 영주로 출세하게 된다. 사촌여동생인 호슌인과 결혼하였고, 도요토미 정권하에서는 5대로(五大老)의 한 명으로, 말년에는 도쿠가와 이에야스(德川家康)를 견제하는 역할을 하다가 병사한다.

[사진 7] 마에다 일족의 시조 마에다 도시이에 동상

4) 호슌인

김여철이 가나자와성에서 성장하도록 배려해준 인물이 호슌인이다. 호슌인(芳春院, 1547~1617)의 이름은 마쓰(まつ)로, 마에다 집안의 시조인 마에다 도시이에의 정실이다. 2남 9녀를 낳았는데, 1562년에 낳은 장남인 도시나가(利長)가 초대 가가번주가 되고, 1574년에 낳은 4녀가 히데이에의 정실인 고히메이다. 1599년 남편 도시이에가 병사하자 출가하여 호슌인이라 하였다. 학문과 무예에도 뛰어난 여걸로서 오다 노부나가, 도요토미 히데요시, 도쿠가와 이에야스로 전철되는 격동의 시대를 지내며 마에다 집안을 지키기 위한 여러 일화를 남기고 있다.

1593년부터 김여철이 가나자와성 안에서 성장하도록 배려한 것은 김여철의 『가전』에도 기록된 것처럼, 당시 가나자와성의 안살림을 책임지고 있던 호슌인의 지시에 의한 것으로 보인다. 뿐만 아니라

[사진 8] **김여철의 은인 호슌인**

번주가 되는 도시나가의 최측근 무사인 '근시(近侍)'로서 같이 생활하
도록 한 것도 호슌인이었으며, 나중에 김여철의 폐문 조치를 풀어주
도록 주선한 것도 그녀였다.

1600년부터는 당대 권력자가 된 도쿠가와 이에야스의 마에다 집
안에 대한 의심을 해소하기 위해 스스로 에도에 인질로 들어가, 새
로 생긴 에도막부를 상대로 정치력을 발휘한 것으로도 알려져 있다.
1614년에 장남인 도시나가가 사망하자 가나자와로 돌아올 수 있었
다. 향년 71세로 가나자와에서 사망하였고, 묘소는 마에다 집안의
묘지가 있는 노다산(野田山)에 있다.

5) 에이히메, 법명 교쿠센인

실질적으로 김여철의 성장을 돌봐준 이는 가가번의 초대 번주인
마에다 도시나가의 정실 에이히메(永姬, 1574~1623)이다. 에이히메는
당시 최고의 실력자인 오다 노부나가의 4녀로 태어나 1581년 도시나
가와 결혼하였다. 부부 사이는 매우 좋았지만 애가 생기지 않아서,
에이히메는 "어떤 여자라도 좋으니 남편의 애를 낳아주길 바란다"는
말을 남길 정도였다. 고히메의 딸 등 7명이나 양녀로 받아들였다.
1614년 도시나가가 병사하자 삭발하고, 법명을 교쿠센인(玉泉院)이라
하였다. 1623년 50세에 사망하였고 노다야마에 묘를 세웠다.

김여철이 와키타 집안과 맺어지도록 결혼을 주선했다고 한다. 김
여철은 교쿠센인에 대한 은혜를 잊지 않고, 오랜 시간에 걸쳐 만든
정원을 그녀의 이름을 따서 '옥천원(玉泉園, 일본어 발음은 교쿠센엔)'이
라 하여 추모하였다.

[사진 9] 옥천원 전경

3. 김여철의 주군

1) 마에다 도시나가

김여철의 첫 주군은 마에다 도시나가(前田利長, 1562~1614)로 가가번
의 초대 번주이다. 가가 마에다 집안(加賀前田家)의 시조인 마에다 도시
이에와 정실인 호슌인 사이에서 장남으로 태어나, 아즈치성(安土城)에
서 오다 노부나가의 시중을 들었고, 1581년 오다 노부나가의 딸인 에이
히메와 결혼한다. 오다 노부나가가 살해된 후, 도요토미 히데요시
막하의 무장으로 전투에 참여했고, 도요토미 사후에서부터 도쿠가와
씨의 에도막부 성립기에 이르기까지 여러 난국을 돌파해내고 결국은

[사진 10] **가가번 초대 번주 마에다 도시나가 동상**

가가번 백만 석이라는 일본 최대 번을 만들어낸 인물이었다.

그러나 대를 이을 아들이 없어서 1605년 이복동생인 도시쓰네(利常)를 양자로 삼아 번주 자리를 넘겨주고, 본인은 은거생활에 들어가 53세에 병사했다고 한다.

2) 마에다 도시쓰네

김여철의 두 번째 주군인 마에다 도시쓰네(前田利常, 1594~1658)는 가가번의 2대 번주이다. 초대 번주 마에다 도시나가의 이복동생이다. 마에다 도시이에의 서자로 생모는 주후쿠인(壽福院)이다. 주후쿠인은 처음에는 도시이에의 정실인 호슌인의 시녀로 들어갔는데, 임진왜란 때 도시이에가 규슈 나고야에 출진했을 때 눈에 들어 측실이 되었고, 그곳에서 회임하여 도시쓰네를 낳았다. 당시 도시이에의 나

[사진 11] **2대 번주 마에다 도시쓰네 초상**

이 56세 때였다.

도시쓰네는 1600년에 에도막부 2대 쇼군인 도쿠가와 히데타다(德川
秀忠)의 딸 다마히메(珠姬)와 결혼하였고, 다마히메와의 사이에서 3대
번주가 되는 마에다 미쓰타카(前田光高)를 낳았다. 후계자가 없었던
이복형 도시나가의 양자가 되어 마에다 집안의 가독을 계승하였다.

도요토미 정권의 잔존 세력을 섬멸하기 위한 오사카성 겨울전투와
여름전투에 참전하여 공을 세웠다. 또한 교토 가쓰라리규(桂離宮)의
조영사업에 참가하였고, 이를 기회로 교토 문화를 받아들여서 '가가
(加賀) 르네상스'라 불리는 화려한 가나자와 문화를 꽃피우게 하였다.

1645년 3대 번주 마에다 미쓰타카가 30살의 나이에 갑자기 사망하
고, 뒤를 이을 장손 마에다 쓰나노리(綱紀)가 3살밖에 안 되어서, 4대
번주 쓰나노리의 후견인으로서 번의 정치에 복귀하였다. 가가번의

산업과 문화를 적극적으로 보호 육성하였고, 에도막부와의 관계개선에도 노력하는 등 가가번의 치세를 확립하였다고 평가된다.

3) 마에다 미쓰타카

김여철의 3번째 주군은 가가번의 3대 번주 마에다 미쓰타카(前田光高, 1616~1645)이다. 2대 번주 도시쓰네의 장남으로, 어머니는 2대 쇼군 도쿠가와 히데타다의 딸 다마히메(법명은 天德院)였다. 1629년 성인식을 치르고 쇼군 도쿠가와 이에미쓰(德川家光)로부터 이름 중의 한 자인 '미쓰(光)'를 하사받아 미쓰타카(光高)라 칭하였다. 3대 쇼군 도쿠가와 이에미쓰의 양녀인 오히메(大姬)와 결혼하여, 1643년 장남 쓰나노리(綱紀)를 낳았다. 그런데 1645년 4월 5일, 당시 막부 대신이었던 사카이 다다카쓰(酒井忠勝)가 초대한 다회(茶會)에서 갑자기 쓰러져 30살의

[사진 12] 3대 번주 마에다 미쓰타카 묘소

나이로 급사하였다. 가독 및 번주 자리는 어린 장남 이누치요(犬千代, 아명) - 훗날 4대 번주가 되는 쓰나노리(綱紀)가 계승하지만, 처음에는 조부인 도시쓰네(利常)가 보좌하는 체제를 취하였다. 법명은 양코인(陽廣院)이다.

4) 마에다 쓰나노리

김여철으로서는 마지막이 되는 4번째 주군은 가가번의 4대 번주 마에다 쓰나노리(前田綱紀, 1643~1724)이다. 아명은 이누치요(犬千代)였다. 아버지 마에다 미쓰타카가 급사함으로써 3살 때 가독을 상속하게 되었고, 당시 고마쓰(小松)에 은거 중이던 조부 마에다 도시쓰네(利常)가 후견인으로 정치를 보좌하였다. 지용을 겸비한 부친 미쓰타카의 피를 이어받았고 조부 도시쓰네의 영향을 크게 받았다고 한다.

[사진 13] 4대 번주 마에다
쓰나노리 초상

에도시대의 잦은 기근에도 가가번에서는 그 피해 기록이 거의 없었는데, 이는 흉작에 대비한 대책으로 쓰나노리가 조선으로부터 피(稗) 종자를 가져와 심었고 농민들에게 부업으로 양잠을 장려했기 때문이라고 한다.

학문, 문예를 장려하여 기노시타 준안(木下順庵), 무로 규소(室鳩巢)와 같은 당대의 학자들을 초빙하였고, 백과사전『소카가쿠엔(桑華學苑)』을 간행하고, 전통가면극인 호쇼류의 노(寶生流 能樂)를 도입하는 등 가가번 문예를 꽃 피우게 하였다. 에도시대 전기의 명군(名君)으로 평가받고 있다.

1723년 가독을 4남인 마에다 요시노리(前田吉德)에게 넘기고 은거하여, 다음해인 1724년 82세로 사망하였다. 법명은 소운(松雲)이다.

김여철에서
사무라이 와키타 나오가타로

1. 결혼과 시련

일본으로 끌려온 조선인 소년 김여철은 가가번의 안주인인 호슌인, 초대 번주인 마에다 도시나가와 정실부인인 교쿠센인의 각별한 배려와 보살핌속에서 성장하여, 번주의 곁에서 시중을 들고 심부름을 하는 최측근 무사역을 맡게 되었다.

> 도시나가(利長) 경이 엣추(越中) 도야마(富山)에 은거하실 때, 그곳으로 나를 데리고 가주셨다. 아직 어렸지만 은상(恩賞)으로 1백 석을 받았고, 그 후에 130석을 가증받아 근시(近侍, 주군 보좌 비서)로서 봉공하였다. 가가(加賀) 엣추(越中) 노토(能登) 세 지방의 신분이 높고 낮은 무사에서 농공상인에 이르기까지 나에게 대부분 일의 중재를 맡아 처리하도록 분부하셨다.
>
> ─『여철가전기』

여기서 '근시'(近侍)란 주군의 최측근에서 시중과 경호를 담당하는 일종의 호종비서로 주군의 명을 받아 심부름하는 역할도 하였다. 가나자와성에서 마에다 도시나가를 따르며 성장한 김여철은, 초대 번주가 된 도시나가를 주군으로 지근거리에서 섬기는 임무를 담당하게 된 것이다. 이렇게 하여 김여철은 자연스럽게 사무라이의 길을 걷게 되었던 것이다. '근시'로서 김여철은 주군인 도시나가의 명을 가가번의 영지인 가가·엣추·노토(加越能)의 세 지방에 전하고 업무를 처리하였다고 밝히고 있다. '대부분의 일을 처리했다'라는 것으로 보아, 주군 도시나가의 각별한 총애와 신임을 받았음을 알 수 있다.

하지만 주군의 총애를 받은 것과 막강한 가가번 가신단의 일원으로서 인정받는 것과는 별개의 문제였다. 조선인으로서 사무라이가 지배하는 근세사회에서 인정받기에는 많은 시련이 기다리고 있었다. 먼저 제대로 된 사무라이로 인정받기 위해서는 일본의 성씨도 필요하였다.

> 그러던 중에 처자를 거느리지 않았으므로, 와키타 다이토(脇田帶刀) 선생, 와키타 시게유키(脇田重之)의 질녀와 결혼하여 성을 와키타(脇田)로 바꾸었다. 점차 근시(近侍) 업무가 활발해질 때 참소를 당하여 1년간 폐문하고 근신하였다. 이 일이 없었더라면 거듭하여 주군의 은상을 하사받았을 것인데 불행하고 불행하도다. 이듬해 호슌인 님의 주선에 의해 과실이 없음이 받아들여져서 원래대로 근시로 복귀하였다.
>
> —『여철가전기』

예나 지금이나 혼인은 당사자 일생의 대사일 뿐만 아니라, 집안 간의 결합이라는 사회적인 성격도 갖고 있다. 특히 신분제사회에서는 결혼을 통하여 사회적 신분이 안정되거나 상승되기도 하였다.

김여철은 가가번의 사무라이인 와키타 집안의 여인과 결혼하여 조선인 김씨 성을 버리고 와키타(脇田)라 칭하게 된 과정을 매우 간단히 적고 있다. 와키타 시게유키(脇田重之)의 질녀, 와키타 시게토시(脇田重俊)의 양녀와 결혼한 것이다. 와키타 시게토시는 2천 석의 봉록을 받는 가가번의 가신으로 주군의 명을 전달하거나 감찰 순찰하는 역할을 하는 전령대장(御使番)과 호위기마대장(馬廻組長) 등을 담당하는 사무라이로, 와키타 가문은 가가번 핵심 가신단의 하나였다. 사무라이 사이에서 격에 맞는 가신단끼리의 혼인이 일반적이었던 점에 비추어 볼 때, 이국 조선에서 끌려온 청년 김여철과의 결혼은 이례적이라 할 수 있다. 이는 김여철의 뛰어난 자질과 더불어 번주 부인인 교쿠센인의 적극적인 주선이 있었기 때문이라 추측된다. 여하튼 김여철은 결혼을 통하여 와키타 집안의 일원이 되었을 뿐만 아니라 가가번의 가신이라는 사무라이 집안의 배경을 갖게 되었다고 할 수 있다.

이제 김여철은 조선 유학자의 아들에서 완전히 벗어나 가가번 사무라이 와키타 구헤 나오카타(脇田九兵衛直賢, 통칭 와키타 나오카타)라는 이름으로 명실상부하게 새로운 일생을 살게 된 것이다. 때는 1605년 김여철/와키타 나오카타 20세였다. (이하 김여철/와키타 나오카타로 표기함.)

하지만 결혼한 해에 불행도 함께 닥쳤다. 번주 마에다 도시나가의 근시로서 주군의 사자 역할을 잘 하고 행정 역량이 뛰어나서 봉록을 가증받을 정도로 총애를 받았지만, 이를 시기한 자들이 있었던 것이다. 정확한 내막은 알려져 있지 않지만, 누군가의 참언에 의해 문을 닫고 근신을 해야 하는 폐거(閉居) 처분을 받게 된다. 50여 년 뒤에

쓴『가전』에서조차 스스로 불행하고 불행하다고 한 것으로 보아 매우
억울하고 안타까운 일을 당한 것으로 추측될 뿐이다. 다행히 이번에
도 호순인이 도움을 주어 1년 만에 폐거 처분에서 풀려나 다시 근시로
복귀한다.

그리고 1611년에 장남 나오요시[直能, 통칭 헤이조(平丞)]가 태어난
다. 1614년 29세 되던 해에는, 주군 마에다 도시나가가 사망하였다.
주군이 사망하면 봉공인들이나 하인들에게 은상을 주거나 주군이
쓰던 물건들을 나누어주는데, 당시 김여철/와키타 나오카타는 다른
근시(近侍)들보다 세 배나 많은 황금 3매를 특별히 더 배령받았다고
『가전』에서 밝히고 있다. 이를 보아도 주군이 얼마나 총애하였는가
를 알 수 있다.

2. 무훈을 세우다

일본에서는 1614년 겨울과 1615년 여름, 2차에 걸쳐서 오사카성
을 둘러싸고 대규모 공방전이 벌어진다. 세키가하라 전투에서 승리
한 후 1603년 에도막부를 열고 지배체제를 공고히 해나가던 도쿠가
와 이에야스에게 있어서 오사카는 골칫거리였다. 오사카란 도시 자
체가 도요토미 히데요시에 의해서 크게 발전하였기에 히데요시에
대한 추모 분위기가 강하게 남아있는 지역이었다. 그 중심에 서있는
오사카성도 히데요시에 의해 축성되었고, 현재는 그의 나이 어린 후
계자인 도요토미 히데요리(豊臣秀賴, 1593~1615)가 지배하고 있는 이
른바 도요토미 정권의 본거지였다. 이에 따라 도요토미 정권에 대한

충성심이 강한 자들이거나 도쿠가와 정권에 대한 불만세력들이 결집하는 곳이기도 하였다. 비록 도요토미 히데요리가 도쿠가와 이에야스의 손녀와 결혼하였다고는 하나, 도쿠가와 씨가 일본을 온전히 통치하기 위해서 오사카성은 그대로 놔둘 수 없는 곳이었다. 한 하늘에 두 개의 태양이 존재할 수 없듯이, 도쿠가와 씨 천하에 도요토미 씨가 존속해서는 안 되는 것이었다.

마침내 에도막부 초대 쇼군 도쿠가와 이에야스는 각지에 명령을 내려 오사카성 공략에 착수한다. 도요토미 쪽의 입장에서는 이 오사카성을 지켜내지 못한다는 것은 파멸이고 죽음을 의미하므로 모든 것을 다 걸고 공방전을 준비하였다. 이렇게 하여 오사카성을 둘러싸고 에도막부가 동원한 부대와 도요토미 정권의 잔존세력과의 사이에 치열한 공방전이 벌어지는데, 그 첫 번째가 1614년 겨울에 격돌한 이른바 '오사카성 겨울전투'(大阪冬の陣)이다. 이 전투의 결과, 도요토미 측이 오사카성의 외곽에 파놓은 해자를 모두 메우는 것을 조건으로, 도쿠가와 측에서는 군대를 철수하여 돌아가는 것으로 합의를 보게 된다.

그러나 그 다음해에 도쿠가와 이에야스는 다시 전군을 동원하여 오사카성 공략에 나서게 된다. 이른바 1615년의 '오사카성 여름전투'(大阪夏の陣)이다. 이미 외곽 해자가 없이 벌거숭이로 노출된 오사카성은 도쿠가와군의 총공세에 버티지 못하고 함락되어 결국 오사카성은 초토화되게 된다. 도요토미 히데요리와 생모인 요도기미(淀君, 히데요시의 측실) 등은 자결하고, 이로써 도요토미 정권의 잔존세력은 완전히 섬멸되어 버린다.

이 오사카성 공방전에 30세가 된 김여철/와키타 나오카타는 가가
번의 사무라이로서 2대 번주 마에다 도시쓰네를 따라 출진하여 큰
무훈을 세운다. 그 과정을 『가전』에서는 다음과 같이 매우 자세히
기록하고 있다.

[사진 14] 김여철이 무훈을 세운 오사카성 전투도(오른쪽 선두에 마에다군이 있다.)

같은 해 오사카의 히데요리(秀賴) 공이 모반을 꾀한다는 소문이 은밀하게 있었는데, 이제는 이미 드러나 두 쇼군(에도막부의 초대와 2대 쇼군, 즉 도쿠가와 이에야스와 아들인 히데타다)께서 간토(關東)에서 출진하셨다. 도시쓰네(利常) 경께서는 북국 병사를 인솔하시어 3만여 기의 휘하 군세로 가나자와(金澤)를 10월에 출발, 오쓰(大津)에서 두 쇼군님을 알현하였다. 그때 함께 간 무사들은 모두 다카오카(高岡)에서 대기하였고, 오쓰까지 모시게 된 자 네 명 – 기타가와 규헤(北川久兵衛), 다카다 덴에몬(高田傳右衛門), 노무라 가쿠노조(野村角丞), 나 – 이 재빠르게 주선(쇼군 알현)한 것을 기특하게 여기시어, 그에 따라 상기 면면들에게 금은을 배령하게 하셨으니, 당시의 명예였다.

주군이 진을 친 곳은 사가(嵯峨)의 석가당(釋迦堂)이었다. 여러 부대가 휴식을 취하고 나서 오사카성으로 밀고 들어가 며칠간 서로 공격을 시도했으나, 이름 높은 성인만큼 무리한 공격이 성사되기 어려웠기에 중재가 이루어져, 이듬 해 봄, 두 쇼군님과 여러 영주님들이 모두 부대를 되돌려 영지로 돌아갔다.

상기 중재는 일단 서로의 계략이었다. 또다시 오사카성 밖에서 일어난 봉기로 인해 두 쇼군께서 출진하셨다. 여러 영주들도 지난해와 같았다. 교토에 잠시 머문 후, 5월 5일에 밀고 들어갔다. 6일에는 오사카성에서도 병력을 내서, 공격군의 선봉과 교전하고 곳곳에서 각축전을 벌이다가 오사카성 쪽이 대적하지 못하여 퇴각하였다. 7일 총공격, 이에야스(家康) 님께서는 덴노지(天王寺) 입구, 쇼군 히데타다(秀忠) 공께서는 다마쓰쿠리 출입구(玉造口)를 맡았는데, 그곳의 선봉이 도시쓰네 경이었다. 적들이 자우스산(茶臼山)까지 나와 효시(嚆矢)를 쏘아올리는 것을 시작으로 서로 전투가 벌어졌다. 선봉대는 오카야마 곳곳에서 창을 맞대고 싸우다가 성안으로 진입하였다. 하타모토(旗本, 쇼군 직속 무사)들이 총동원되어 공세에 나섰고, 우리도 다마쓰쿠리 출입구를 공격하였다. 적은 니노마루(二之丸, 본성 외곽 두 번째 울타리)까지 퇴각하였고, 성 외곽은 함락되었다. 많은 병력이 사나다마루[10]에 쳐들어갔고, 나·구즈마키 하야토(葛卷隼人)·하라 요사에몬(原與三右衛門)·가와이 가즈마(河合數馬)의 네 명은 다마쓰쿠리(玉造)의 전년에 메워버린 문 쪽으로 쳐들어가려는데, 왼쪽 사거리에 아군이 많이 대기하고 있었다. 그곳으로 가며 건너편을 둘러보니, 1정(町, 약 109m)이나 앞쪽에 등에 꽂은 예닐곱 기를 발견하자마자 그쪽으로 뛰어가 합세하였다. 맞은편의 무너진 둑에서 파도가 이어지듯이 흰색 깃발을 꽂은 병사들이 백여 명이나 나와 총을 쏘기 시작하였다. 대기하고 있었던 적이 튀어나왔고, 아군도 뛰어나왔다. 적의 수가 많아서 아군이 밀렸다. 그때 야노 쇼자에몬(矢野所左衛門)이 전사하였다. 이보다 앞서서도 교전이 있었다.

아군이 밀린 곳을 보니, 앞뒤로 2, 3정(町) 사이에는 적군도 아군도 한 명이 보이지 않고 모두 패주한 상태였다. 그 길에서 나는 후루야 쇼자에몬(古屋所左衛門)과 둘이서 말을 주고받으며 남았다. 그때 구즈마키 하야토(葛卷隼人)가 달려와 가담하여 왼쪽에 있었다. 그는 검은 망토에 금색 조각으로 부대 표식을 하고 있었다. 그 다음에 가지카와 야자에몬(梶川弥左衛門)이 왔는데 바탕이 하얀 겉옷을 입은 주군 호위무사단 복장으로, 등에 꽂는 깃발은 없었다. 그 사이에 아군이 조금씩 달려와 합세하였다. 적과 아군이 뒤섞여 마구 창을

---

10 사나다마루(眞田丸) : 오사카 겨울전투(大坂冬の陣)에서 도요토미 측의 용장인 사나다 유키무라(眞田幸村)가 오사카성 히라노 출입구(平野口)의 남쪽에 구축한 옹성과 같은 성곽이다.

맞대고 싸우고 있을 때, 와키타 다이토(脇田帶刀)·에모리 가쿠자에
몬(江守角左衛門)이 달려와 합세하여 적을 무찔렀다. 다마쓰쿠리 출
입구(玉造口), 니노마루 흑문(二ノ丸黑門)도 우리들이 장악했다.

후일 오사카성 밖 전투에 대한 무훈 조사 시에, 마쓰다이라 호키[11]
가 "구헤(九兵衛, 즉 와키타 나오카타) 귀하와 후루야(古屋)가 둘이서
뒤쪽 문에 남은 행위는 보통을 뛰어넘는 본보기"라고 말하자, 야마자
키 간사이[12]가 타당한 의견이라고 인정하였다.　　　　　－『여철가전기』

[사진 15] **오늘날의 다마쓰쿠리 출입구 전경**

11　마쓰다이라 호키(松平伯耆) : 가가번 가신. 마에다 도시나가의 측근으로 봉록은 8천
　　석이다.
12　야마자키 간사이(山崎閑齋, 1552~1620) : 이름은 야마자키 나가노리(山崎長德), 아
　　케치 미쓰히데(明智光秀), 시바타 가쓰이에(柴田勝家) 등을 거쳐, 마에다 도시나가
　　의 가신이 되었다. 1611년에 은거하여 호를 간사이(閑齋)라 하였는데, 오사카성 전투
　　에는 종군하였다.

이와 같이 김여철/와키타 나오카타는 아군이 퇴각할 때 남아서 적의 공격을 막아내고, 아군이 다시 공격하여 적을 다마쓰쿠리 출입구에서 공략할 때 최전선에서 용감히 싸워 개인 무공뿐만 아니라 전투 흐름을 바꾼 무훈을 세운 것이다. 김여철/와키타 나오카타는 『가전』에다가 명확히 본인의 근처에 누가 있었으며, 어떠한 특색이 있는 복장을 하고 있었는지까지를 세세히 명기해두고 있다. 또한 본인의 무훈에 대해서 높이 평가해준 마쓰다이라 호키(松平伯耆)의 평을 기록함과 동시에 이에 동의한 원로의 이름까지 적시해두고 있다. 이와 같이 객관성과 신뢰성을 확실히 해둠으로써 차후에라도 본인의 무훈에 대해 다시는 시비가 생기는 일이 없도록 기록한 것으로 보인다.

앞으로 큰 전투가 발생하기 어려울 것이 예상되는 시기에, 오사카 성 전투는 사무라이로서 출세할 수 있는 마지막 기회라 할 수 있다. 일본 무사세계에서 전투의 승리를 위해서, 맨 처음 적진에 뛰어들거나 적의 성에 오르는 '1번 등성(一番乘り)', 맨 먼저 창을 휘두르며 적진에 돌입하는 '1번창(一番槍)', 전장에서 맨 처음으로 적의 수급을 획득한 '1번 수급(一番首)' 등의 무훈이 가장 높게 평가받았다. 목숨을 내걸고 앞장서서 싸워 이러한 무공을 세우면, 논공행상에서 봉록을 가증받아 일거에 사무라이의 등급이 올라가고 무사의 명예로서 인정하는 것이 무사 사회의 관례였다. 김여철/와키타 나오카타는 이에 상응하는 큰 무훈을 세운 것이다.

그러나 다른 한편으로 생각해보면, 김여철/와키타 나오카타가 이렇게 이국에서 목숨을 던져 남다르게 용맹하게 싸운 심리의 밑바닥에는 사무라이로서 출세하고자 하는 욕망만으로는 설명할 수 없는 그 무엇이 있지 않았을까. 노골적으로 드러낼 수는 없지만, 임진왜란을 일으킨 도요토미 히데요시와 그 아들인 히데요리에 대한 적개심과 복수의식이 있지 않았을까. 임진왜란으로 평화로운 삶이 깨졌을 뿐만 아니라 졸지에 부모가 살해당하고 고아가 되어 일본에 끌려오게 만든 원흉에 대한 복수의식이 내재되어 있었기에, 김여철/와키타 나오카타는 그 치열한 전장에서 목숨을 걸고 싸워서 남다른 무훈을 세울 수 있었던 것이라 생각한다.

3. 두 번의 논공행상

오사카 여름 대전에서 김여철/와키타 나오카타는 용맹을 떨치며 뛰어난 무공을 세웠기에, 전투 후에 열린 논공행상에서 높게 평가되어 많은 봉록을 하사받을 것으로 기대하였을 것이다. 하지만 결과는 전혀 다른 형태로 나타났다. 같은 장소에서 본인보다 부족한 활약을 한 구즈마키 하야토(葛卷隼人)는 5백 석을 가증받는 데 비해서, 와키타 나오카타는 그 절반도 안 되는 2백 석을 가증받는 데 그치고 만 것이다. 이러한 불공평한 논공에 대한 심정이 『가전』에는 그대로 드러나 있다.

> 그렇지만 전체적으로 보아 공훈 가증의 건이 네게 유감이 남을 거라고 말씀하셨다. 당연히 우리는 그 억울함이 적지 않다고 말씀드리고, 한번은 확실하게 위에 전달되어야 한다고 호키 님께 다시 말씀드렸는데, 병환에서 회복되지 못하고 서거하셨다. 우리들의 한이

적지 않은 연유이다.

무훈을 심의하는 곳에서 우리는 "다마쓰쿠리(玉造) 외곽에서 구즈마키(葛卷)와 똑같이 쳐들어갔고, 나는 적의 두 번째 창부터 세 번째 창도 함께 대적했습니다. 구즈마키는 세 번째 창과 대전할 때 가담하였습니다. 그러므로 우리에게 공적이 있다고 생각합니다."라고 말씀드리니, 간사이(閑齋)가 "두 사람이 함께 창 싸움하는 곳까지 말을 타고 갔습니까."라고 물었다. 당연한 의심, 사거리까지 두 사람 모두 말을 타고 갔다고 답하였다. 그 후 간사이 외의 다른 분들은 이것저것을 다시 묻지 않았다.

미즈노 다쿠미(水野內匠, 가가번 가신)께서 서거하실 때까지 매번 모임에서 만나면, "귀하는 최전선에서의 무훈이 보통을 넘어섰는데 어째서 봉록 가증에 대한 통보가 없는 것입니까."라고 말씀하셨다.

－『여철가전기』

이처럼 김여철/와키타 나오카타의 무훈에 대해서 몇몇 가신들은 이를 높이 평가해주고 당연히 봉록 가증이 있어야 한다고 편들어 주었지만, 현실적으로 이미 결정된 것은 바뀌지 않았다.

전투에서 무공의 정도에 따른 봉록 가증은 일본 무사 사회를 지탱해온 관례였고 당연한 불문율이었다. 조선에서처럼 조정에서 관직이 승진되거나 명예를 인정받는 것과는 다른 일본 무사 사회의 전통이었다. 왜냐하면 논공행상에서 받은 봉록의 정도는 무사들의 지위나 대우와 직결되는 것이었기 때문에, 무사들은 이를 위해서 목숨을 걸고 싸우는 구조였던 것이다. 더구나 앞으로 전투가 없이 사회가 안정기에 접어들면 지금의 봉록이 대대손손 이어지기 때문에, 무사들로서는

본인의 무훈이 높이 평가되도록 필사적으로 온갖 노력을 다하는 상황
이었다. 그런데 김여철/와키타 나오카타는 본인의 무훈에 대한 정당
한 평가를 받지 못한 처지에 놓인 것이다. 이런 상황에 이르게 된
것은 가가번 가신들 간의 파벌 대립이나 갈등이 있었기 때문일 가능
성이 크고, 한편으로는 조선인 와키타 나오카타에 대한 차별의식이
작용했을지도 모른다.

여하튼 김여철/와키타 나오카타는 이후 꾸준히 논공행상의 공평성
에 대해 문제를 제기하며 본인의 무훈이 인정받도록 노력하게 된다.
무려 16년간이나 계속된 김여철/와키타 나오카타의 주장은, 마침내
오사카성 전투를 승리로 이끈 2대 쇼군 도쿠가와 히데타다가 사망하
면서 오사카성 전투에 대한 재평가 및 재음미의 분위기가 형성되면서
빛을 발하게 된다. 즉 오사카성 전투에 대한 제2차 논공행상이 1631년
에 열리게 된 것이다.

이때는 전투에 같이 참여한 증인이 첫 조사 때와 달리 증언을 번복
하여 사실을 말함으로써 와키타의 무훈이 인정받게 된다. 일거에 570
석이 가증되어 총 1천 석의 봉록을 받는 중신의 위치에 오르게 되는
과정을 『가전』에서 두 번에 걸쳐서 자세히 설명하고 있다.

一. 창 싸움에 대한 공훈 조사에서 모씨의 진술에 대해 자세한 대질
심문이 있었다. 모씨가 처음 창 싸움에서부터 그곳에서 적과 상대
하였는데, 세 번 싸움 중에서 첫 번째 창 싸움에 뛰어난 공이 있다고
생각한다고 진술하였다.

창 싸움에 대한 삼차 조사를 할 때, 구즈마키가, "후루야 쇼자에

몬(古屋所左衛門)은 나보다 한 발 앞서있었는가"라고 묻자, "모씨와 구즈마키는 우리 바로 뒤에 왔습니다"라고 답하였다. 그리고 그 때 모씨가, 구즈마키가 그렇게 묻지만 우리들은 한 발 뒤에 있었음을 모든 분께 있는 그대로를 말씀드리니, 주군께서도 기특하게 여기셨 다고 한다. 그리하여 결국은 가증을 받기에 이르러, 상기 사정을 모씨에게 알려주니 모씨는 후회가 되어, 다음의 무훈 조사 때에 고 하기를, 처음에는 거짓을 말하여 정직하지 않았습니다, 라고 하였 다. 세 번째 각축전의 양상으로 우열을 따져서 결정된 연유이다.

쇼군 히데타다(秀忠) 공께서 타계하시고 나서, 오사카성 전투의 무훈 조사가 재개되었을 때, 이전의 조사 때 저에 대한 보상이 부족 했던 것이 드러나, 430석의 본래 상에 보통을 넘은 570석을 더 가증 받아, 합하여 1천 석의 봉록을 하사받았다. 또 철포대장과 전령대장 으로도 임명을 받게 되니, 비길 데 없는 결과에 수년간의 울분이 사라지고, 집안의 면목이 서니 그 무엇이 이에 비하겠는가. 그뿐만이 아니라 적장자 헤이조(平丞)에게 3백 석, 차남 사부로시로(三郎四 郎)[도시이에 경의 근시(近侍)로 봉공, 어엿하게 발탁이 있을 것이었 는데 요절, 불쌍하고 안타까울 따름이다.]에게 220석, 삼남 고헤이 (小平)에게 2백 석을, 각각 부르시어 봉록을 하사하셨다.

一. 나중의 무훈 조사 때 제가 말씀드리기를, 이전의 조사에 따라, 후루야 쇼자에몬(古屋所左衛門)을 으뜸으로, 구즈마키 하야토(葛卷 隼人)를 두 번째로, 가지카와 야자에몬(梶川弥左衛門)을 세 번째로, 이와 같이 봉록을 가증해 주셨습니다. 예로부터 듣기에 여러 사람보 다 한 발 앞서나가는 것을 '1번 창'이라 합니다. 술잔을 순서대로 주시는 것처럼 세 명이 뛰어나갈 때까지 나머지 사람들은 그저 기다 리고 있어야 하는 것입니까. 이에 대하여 전부터 유감스럽게 생각하였으나, 저는 아직 애송이로 다카오카(高岡)에서 찾아뵈어야 할 신참이나 마찬가지라서, 마쓰다이라 호키(松平伯耆) 님을 통해 말씀을 올리려 생각하고 있었습니다. 그런데 호키 님이 서거하였기에 어쩔 도리 없이 수 년을 보내고 있던 와중에, 이번의 조사에 이르러 고할 수가 있게 되어, 근시(近侍) 시노하라 슈에이(篠原宗榮)를 통해 말씀 드렸습니다. 그랬더니 주군께서 정말 신통하고 신통하구나, 그렇게 해야 마땅하다고 말씀이 내려온 것입니다.

반노 하치야(伴八矢)가 오카야마(岡山)에서 창으로 대적하였고, 그 후에 또 마을 입구의 창 싸움에 합세하였으므로, 그때 내가 남아 있었던 것을 반노 하치야는 확실히 보았을 것임을 두 번째 조사 때 고하였다. 제 쪽에서 먼저 증거를 대지 않고 있었을 때, 하치야가 이 사실을 말씀드리자 도시쓰네(利常)경께서 드디어 인정하시어 봉록의 가증이 평균을 넘었다.
—『여철가전기』

이상을 보면 가가번 내에는 김여철/와키타 나오카타에 대해 우호적인 무사들뿐만이 아니라 반대 세력이 있었음을 알 수 있다. 자기 공훈을 내세우기 위해 김여철/와키타 나오카타의 공적을 폄하하는 자, 혹은 당시 상황을 잘 알면서도 일부러 말하지 않거나 거짓을 고한 무사가 있었음이 드러나 있다. 그런 상황 속에서 김여철/와키타 나오카타는 줄기차게 논공행상의 불공정을 주장하여 왔는데, 그 현장의 증인이 와키타의 주장을 뒷받침하는 증언을 함으로써 마침내 반전을 가져오게 한다. 김여철/와키타 나오카타가 최전선에 남아서 싸움으로써 전투의 흐름을 바꾸게 하였다는 사실을 현장에 같이 있었던 증인이 진실을 말한 것이고, 이를 주군이 인정한 것이다. 더구나 봉록 가증에서 그치지 않고 곧 바로 1천 석 이상의 사무라이가 맡을 수 있는 철포(조총)대장과 전령대장에 임명되는 영예까지 얻게 되었다. 이러한 결과에 대해, 김여철/와키타 나오카타는 "수년간의 울분이 사라지고, 집안의 면목이 서니 그 무엇이 이에 비하겠는가" 하고 참을 수 없었던 감개를 토로하고 있다.

비록 이 『가전』에는 드러나있지 않지만 얼마나 많은 사정이 그간에 있었을지, 얼마나 많은 노력을 기울였는지는 미루어 짐작해볼 수 있다. 이처럼 김여철/와키타 나오카타는 이국땅에서 무려 16년간에 걸쳐 진실을 끈질기게 주장하여, 결국 본인의 능력으로 정당한 대우를 획득하였고, 이를 통해서 이국 일본 땅에서 정정당당하게 상급 사무라이로 살아가는 자격을 갖추게 되었던 것이다.

4. 4대에 걸친 가가번의 충신

가가번에서는 관례적으로 봉록 1천 석 이상을 받는 등급의 사무라이가 맡을 수 있는 중요 관직이 있는데, 김여철/와키타 나오카타는 2차 논공행상에서 무훈을 제대로 인정받아 일거에 1천 석 이상의 봉록을 받게 되고 이를 통해 가가번의 중요 보직을 담당하게 된다. 철포대장과 전령대장을 시작으로, 기록에 나타나 있는 것을 나열해보면, 보병대장(足輕頭), 비서실장(小姓頭), 재무봉행(算用場奉行), 재판소봉행(公事場奉行), 가나자와봉행(金澤町奉行) 등을 역임하였다. 여기서 봉행(奉行)이란 주군의 명을 받아 특정 부문의 업무를 총괄하는 책임자를 말한다. 예를 들어서, 가나자와봉행이란 번주가 거주하는 가나자와의 일반 행정과 사법 업무를 총괄하는 책임자로 현대적으로 말하면 시장과 경찰서장을 합한 것과 같다. 그 외에도 가나자와의 소방이나 물가대책 등의 업무까지 시정 전반을 관장하는 중요한 직책이다. 실제로 김여철/와키타 나오카타는 10년 이상을 가나자와 봉행으로 근무하며, 가가번의 중심지인 가나자와의 도시 건설, 도로 정비, 제도 수립 등에 있어서 행정관료로서 뛰어난 역할을 수행한 것으로 사료된다. 실로 도쿠가와막부 다음으로 큰 번인 가가(加賀) 백만 석의 안정과 발전에는 가가번의 중신이 된 임란 피로인 김여철/와키타 나오카타가 중요한 역할의 한 축을 담당했다고 할 수 있다.

김여철/와키타 나오카타는 본인이 나이 들어감에 따라 건강상의 이유를 아뢰어 여러 보직을 동시에 수행할 수 없음을 밝히지만, 그러나 이를 주군이 받아들이지 않을 정도로 신임할 수 있는 유능한 관료였던 것으로 보인다. 재판소봉행과 같은 다른 보직은 사면받았으나 주군 최측근에서의 업무는 계속 수행하게 된다. 1643년부터 비서실장(小姓頭), 1645년부터는 비서실장(小姓頭) 겸 가나자와봉행으로 74세에 은거를 허락받기 전까지 무려 15년간 봉행 업무를 담당하였다. 즉 김여철/와키타 나오카타는 고령임에도 불구하고 죽기 직전까지 주군으로부터 가장 신뢰받은 가신으로 살아갔던 것이다.

이렇게 김여철/와키타 나오카타의 일생은 가가번 마에다 주군의 신뢰와 주군에 대한 충성으로 일관되어 있다. 초대 번주 마에다 도시나가(1598~1605)에서부터, 2대 번주 마에다 도시쓰네(1605~1639), 3대 번주 마에다 미쓰타카(1639~1646), 4대 번주 마에다 쓰나노리(1646~1723)에 이르기까지 무려 4대에 걸쳐서 약 60년간을 주군 측근에서

봉공을 하였다. 이렇게까지 4대에 걸쳐 오랫동안 주군을 모신 경우는
근세 일본의 무가 전통에서 보면 유례를 찾기 어려울 정도로 매우
이례적이다. 대부분의 보직을 맡은 사무라이는 주군과 생사를 같이한
다는 의미에서 주군이 사망하면 현직에서 물러나거나 심지어는 순사
하기도 하므로, 2대를 넘어서 주군을 보좌하는 경우는 드문 경우라
할 수 있다. 그러나 김여철/와키타 나오카타는 주군이 은퇴하여 본인
이 은퇴한 주군의 수행원으로 따라가려고 하면, 차기 번주가 어떻게
든 붙잡아 측근에서 번의 업무를 계속해야 하는 입장에 놓이게 된다.
『가전』에서는 이러한 일례를 다음과 같이 기록하고 있다.

> 도시쓰네(利常, 2대 번주) 경께서 고마쓰(小松)로 은거하실 때, 나는
> 고마쓰로 데려갈 인원으로 되어 있었는데, 미쓰타카(光高, 3대 번주)
> 공께서 나를 수하로 쓰고 싶다고 말씀을 올리셨으나 한두 번으로는
> 허락을 안 해주셨다. 그렇다면 진언해야 한다며, 오사카성 밖 전투에
> 서의 무훈 등을 말씀하시어 면목을 살려주신 주군의 뜻, 이런 사실을
> 미쓰타카 공께서 직접 말씀해 주셨다.
> 一. 간에이 20년(寛永20, 1643년) 5월, 비서실장(小姓頭, 주군 신변
> 의 제반 잡사 및 호위를 담당하는 비서실장 역할)으로 임명하신다고, 가미
> 오 도노모노스케(神尾主殿助)가 에도로부터 미쓰타카(光高) 공의 서
> 신을 지참해왔다. 마에다 이즈모 영주(前田出雲守)와 함께 두 사람
> 에게 하달하신 주군의 취지는, 저·나카무라 소에몬(中村惣右衛門)
> 을 비서실장(小姓頭)으로 명하니, 항상 공무뿐만이 아니라 마음가
> 짐 또한 이와 같으라고, 도노모노스케가 전언으로 말씀해주시고,
> 봉록 2백 석을 하사해주셨다.　　　　　　　　　　　　 －『여철가전기』

미쓰타카(光高) 공 서거 이후 어린 군주이신 이누치요(犬千代, 4대 번주가 됨) 님께서 세 지방(가가번)의 통치를 위해 가가로 돌아오셨고, 도시쓰네(이누치요의 할아버지, 2대 번주) 경은 갖가지 일을 당신 일처럼 빈틈없이 명하셨다. 저는 예전보다도 더 황송했고 주군의 뜻과 함께 한 그때그때의 증서는 다음과 같다.

재판소봉행(公事場奉行)을 명하셨고 그 후에 가나자와봉행(金澤町奉行)을 맡으라는 주군의 분부가 있었으나 중요한 역할이 겹치어 수행하기 어렵다는 거절 말씀을 상신하였다. 그렇다면 재판소봉행과 다른 일은 사면하도록 하여, 비서실장(小姓頭) 겸 가나자와봉행을 수락하도록 재차 명하시어 지금까지도 함께 맡고 있다. 도시쓰네 경께서는 때때로 저에게 친절한 말씀을 봉서 등으로 간략하게 써주셨다.
　　　　　　　　　　　　　　　　　　　　　　　　　－『여철가전기』

　차기 번주가 60세가 다 된 김여철/와키타 나오카타를 수하로 쓰고 싶어서 여러 논리를 펴고 봉록도 더 하사해주었음이 드러나 있다. 이렇게 김여철/와키타 나오카타는 대를 이어 가가번주들의 신임을 받을 수 있었고, 그러한 신임은 고령이 된 김여철/와키타 나오카타에 대한 배려에서도 잘 드러나 있다.

조오 원년(承應元年, 1652년) 정월 고마쓰(小松)의 신년회에 참가하라는 분부가 있었을 때,
신년 인사로, 귀하가 이쪽으로 오신다는 것을 들었습니다. 매우 추운 계절이므로 꼭 오실 필요는 없습니다. 이곳에 오신 것과 같다고

생각하고 있을 테니 따뜻하게 몸을 보살피고 계시라는 뜻을 주군께
서 알려왔습니다. 매우 황송하고 감사합니다. 삼가 아룁니다.

    정월 13일   쓰다 겐반(津田玄蕃)

       와키타 구헤(脇田九兵衛) 님께

내가 병이 들어 요양을 취하고 있을 때,
사료[13]로 쓰는 종달새(雲雀) 15마리를 두 사람에게 보내드립니다.
나이 들면 병은 있는 법이고, 종달새를 보시면 나아지실 것이므로
상태가 좋아지시면 조만간에 종달새를 더 보내겠다는 말씀, 헤아려
받아주시고 심기가 좋아지시면 저에게 몸 상태에 대해 말씀해 주셨
으면 하는 것이 주군의 뜻입니다. 실로 황공하고 감사한 일입니다.
삼가 아룁니다.

    6월 15일   다케다 이치사부로(竹田市三郎)

       와키타 구헤 님께

       구로사카 기치사에몬(黑坂吉左衛門殿) 님께

메이레키(明曆, 1655~1658) 연간에
지난 번에는 공무 건으로 성의를 다해 고마쓰(小松, 주군 은거지)까지
왕래를 하시느라 고생하셨습니다. 나이가 들면 집 안의 장식품처럼
있게 됩니다. 항상 건강을 조심하고 무병무탈해야 한다는, 주군의
따뜻한 마음입니다. 점점 추워지고 있어 걱정된다고 말씀하시며 고소
데(小袖) 한 벌을 보내도록 하셨습니다. 당연히 받으시기 바랍니다.
답례로 이곳에 오셔서 인사를 하실 필요는 없다고 반드시 전달하도록

---

13 매 등의 사육에 필요한 작은 새들의 잔해.

말씀하셨으니, 그 뜻을 받아들이시기 바랍니다. 삼가 아룁니다.

　9월 7일　　　　　　　　　　　　　　　　　　쓰다 겐반

　와카타 구헤 님께

- 『여철가전기』

　이와 같이 신년회 참가를 위해 일부러 먼 길까지 왕래를 하지 않도록 배려하거나, 병이 들었을 때는 특별히 관심을 갖고 선물을 보내거나, 추운 겨울에는 따뜻한 옷을 보내주거나 하였다. 이러한 주군의 특별한 배려는 김여철/와키타 나오카타가 여타 가신들과는 달리 조선인이라는 점에 있었던 것이 아니라 주군에 대한 깊은 충성심과 탁월한 행정 능력을 갖추고 있었기 때문이고, 이를 대대로 가가번주들이 높이 평가하였기 때문이라 보인다. 어쩌면 은퇴한 후 행여나 조선으로 돌아갈지도 모르므로 번주가 최측근에 잡아두고 있어야 한다는 우려가 숨어있었는지도 모른다. 어쨌든 4대에 걸친 김여철/와키타 나오카타의 남다른 충성과 주군의 각별한 총애 속에서 모든 게 이루어졌던 것이다. 그리고 당시로는 매우 고령인 74세가 되어서야 마침내 은거를 허락받는다.

5. 가나자와봉행에서 여철거사로

　김여철/와키타 나오카타는 1659년, 74세가 되어 다시 번주께 요청하여 마침내 은거를 허락받는다. 가독을 장남에게 양도하고, 그는 '여철'을 호로 하여 생의 마지막을 준비한다.

귀하가 오래도록 봉공해왔고 나이도 들었으니 은거하여 안락하게
지내고자 한다는 요청을 주군께서는 거두어주셨다. 황공하옵게도
장자인 헤이조(平丞)에게 천 석을 계승하게 하고 은거비용으로 3백
석을 하사해주셨으니, 더할 나위 없이 행복하고 이는 오래도록 바라
던 바가 이루어진 것이다. 바로 출가하여 이름만은 옛날로 돌아가서
여철(如鐵)이라 하고, 짧은 은거생활을 하면서 생명의 장작이 다 타
기를 기다린다.   - 『여철가전기』

　이렇게 김여철/와키타 나오카타는 말년이 되어 은거를 허락받았
고, 주군의 배려로 은거비용도 따로 하사받았다. 1천5백 석의 가독
이 장남 와키타 나오요시(脇田直能)에게 그대로 인계됨으로써, 이제
와키타 가문은 가가번의 비중 있는 가신 집안으로 대를 이어 뿌리를
내릴 수 있게 되었다.

　그는 은거를 허락받자마자 당시 무가사회의 관례대로 출가한다.
그리고는 곧바로 호를 약 70년 전 조선에서 불렸던 아명과 똑같이
'여철(如鐵)'이라 하였음이 주목된다. 다음해까지 『여철가전기』를 정
리하고 난 다음, 그해 7월에 사망하는데, 법명조차도 '옥봉 여철거사
(玉峰如鐵居士)'로 하여 마지막에는 조선인으로서 죽음을 맞이하려고
하였음을 여실히 보여주고 있다.[14]

　김여철/와키타 나오카타가 생전에 매번 가나자와 근처의 우시자카
(牛阪)로 놀러가서 조선 땅을 방불케 하는 경치를 보고, 고향생각에

14　필자의 현지조사에 의하면, 김여철은 자기 무덤을 가나자와 인근의 노다산의 주군
　　묘지의 가까운 곳에 조선식으로 토장을 한 것으로 추정된다. 가가번 명문가로서 대
　　대로 이어왔는데, 현재 노다산의 무덤은 모두 이장되었다.

잠겨서 눈물을 흘렸다고 하는 당시 기록이 남아있는 것으로 보아,[15] 그가 얼마나 조선을 그리워하였는가는 감히 미루어 짐작할 뿐이다. 『가전』은 다음 문장으로 매듭을 짓고 있다.

> 내 자자손손 대대로, 어떠한 내력의 집안인 줄 모르는 이 세상에, 만약 이 글이 남는다면 명심하길 바란다. 아아, 황공하도다.

즉 조선인의 피를 지닌 자기 집안의 뿌리와 내력을 후손들이 바로 알고서 살아가기를 간절히 바라고 있는 것이다. 이러한 김여철/와키타 나오카타의 유훈은 대대로 전해지는데, 그가 생의 마지막 작업으로 『가전』을 쓴 진정한 목적이 여기에 있다고 할 수 있다.

김여철/와키타 나오카타는 일본에서 60여 년의 세월을 보내고 마침내 1660년 7월 19일 75세의 나이로 병사한다. 그는 마에다번주 일족이 대대로 묻혔던 가나자와시 외곽의 노다산에 조선식 무덤으로 토장된다. 참고로 윤봉길 의사가 상해 홍커우공원 거사 후에 붙잡혀 가나자와에서 총살된 후에 그 사체를 암매장한 곳도 노다산으로, 현재는 윤봉길 의사 암장지적비(尹奉吉義士暗葬之跡碑)가 세워져있다.

---

15 直賢每遊小龍野臺牛阪上. 目送自稚松山下晃水流尾西走. 以彷彿故國地景. 垂思鄉淚云. 『燕臺風雅』(金澤市立圖書館加越能文庫藏)

문화인 김여철/와키타 나오카타

1. 뛰어난 문인

　김여철/와키타 나오카타는 전투에 참가하여서는 용맹을 떨친 사무라이로서, 평시에는 번의 중요 행정을 관장하는 관리로서, 그야말로 말년까지 주군의 최측근에서 마에다 가문에 대한 깊은 충성심으로 가가번의 안정과 가나자와의 발전을 위해서 업적을 남겼다. 그뿐만이 아니었다. 그는 당대의 문인으로서도 뛰어난 면모를 보여주고 있다. 『가전』에서도 "나는 원래 가업이 글을 쓰는 것이었지만 스스로 일본 풍을 배워 가도(歌道)에 열중하였다."고, 조선 유학자의 자손으로서 스스로 원하여 일본 시가에 매진하였음을 밝히고 있다. 비록 사무라이의 몸이지만 문에 대한 가문의 내력을 저버릴 수 없었던 것이다.

　그의 문에 대한 노력과 재능은 여타 교양인의 수준을 뛰어넘어 일본 고전에 대한 최고의 경지로 나아갔다. 그것도 산문과 운문의 양

분야에서 모두 자타가 인정하는 권위자가 된 것이다. 이러한 사실은 산문고전인『겐지 이야기(源氏物語)』와 운문고전인『고금 와카집(古今和歌集)』의 비전 전수로서 알 수 있다. 『가전』에서는 '『겐지 이야기』의 전수에 관한 일'이라고 항목을 따로 설정하여, 정말 특수한 관계의 사람에게만 극비리에 전수되는 고전 전수를 받았다고 명기하고 있다.

> 『겐지 이야기(源氏物語)』의 전수에 관한 일.
> 조켄거사(如見居士)는 사쓰마(薩摩, 가고시마현) 사람으로 가도(歌道) 한 길에 대한 그 뜻이 깊어, 처소를 정하지 않고 여러 지방을 유랑하며 곳곳에서 사람들과 맺은 정이 얕지 않았다. 마음 가는 대로 풍류에 뜻을 두니, 욕심이 없는 그에게 감탄하였다. 어느 해에 호순인(芳春院) 님이 에도에서 가슈(加州, 가가번)로 오셨을 때, 조켄에게 함께 가기를 권하여 왔는데, 가에쓰(加越, 가가지방)의 렌가시(連歌師, 렌가를 읊는 자) 중에는 조켄을 따르는 자가 많았다. 그렇다고는 하지만 기리가미(切紙) 전수는 나 혼자만이 받은 것으로 알고 있다.
> – 『여철가전기』

야마다 조켄(山田如見)은 당시『겐지 이야기』와 시가의 권위자였는데, 번주 정실인 호순인을 따라 에도에서 가나자와로 온 적이 있었다. 그때 29세의 김여철/와키타 나오카타는『겐지 이야기』에 대한 깊은 이해와 식견을 인정받아, 야마다 조켄으로부터〈『겐지 이야기』비전 전수〉를 받았다고 명확히 하고 있다. 알려진 바처럼, 『겐지 이야기』는 1천 년 전후에 무리사키 시키부(紫式部)에 의해 쓰여진 일본 최고의 고전이다. 54첩(帖)으로 된 장편소설로, 당시의 궁중을 주무대로 하여

주인공 히카루 겐지(光源氏)와 그 자식의 사랑과 고뇌, 영화와 좌절이 그려져 있다. 일본에서 시대를 넘어서 애독된 명작으로 자리 잡게 됨에 따라, 점차 이 작품안의 시가나 문장에 대한 여러 설이 생겨나게 되었고, 이를 판결해주는 권위가 필요하게 되었다. 권위 있는 스승이 시가나 문구의 정확한 해석이나 거기에 담긴 깊은 의미를 본인의 장자나 극소수의 제자에게만 특별한 의식을 취하며 비전의 형식으로 전수하는 풍습이 있었다. 김여철/와키타 나오카타는 『겐지 이야기』 해설의 비결을 당대의 권위자인 야마다 조켄으로부터 반 접은 종이에 적어서 직접 비결을 전수받았던 것이다. 그것도 그 혼자만이 전수받은 것이었다. 이를 통해서 김여철/와키타 나오카타는 야마다 조켄이 후계자로 인정할 만큼 『겐지 이야기』에 정통하였음을 알 수 있다. 한편으로 비전 전수는 일종의 허가증이나 증서 역할도 하였는데, 이를 통해 김여철/와키타 나오카타는, 적어도 가가 지방에서는 『겐지 이야기』와 관련하여서는 최고의 명예와 권위를 갖게 되었던 것이다.

또한 그의 문학에 대한 재능은 산문 이해에서 머무르지 않고, 시가 분야에서도 빛을 발하고 있다. 『가전』에서는 『겐지 이야기』 전수에 연이어, 『고금 와카집』의 고금전수(古今傳授)를 받았음을 기록해두고 있다. 『고금 와카집』은 고대부터의 시가를 모아놓은 것으로, 일본의 대표적 정형시가인 와카(和歌)[16]를 읊는 자들에게 최고의 고전이라 할 수 있다.

---

16 와카(和歌)는 말 그대로 일본 야마토(大和) 민족의 시가이다. 일본의 대표적인 고유 정형시로 고대에서 오늘날까지 이어지고 있다. 5·7·5·7·7의 5구 31음으로 되어 있다.

와카집(和歌集) 전수(傳授)에 대한 소진(宗訊)의 기록.

호슌인(芳春院) 님께 이시노 이즈미(石野和泉)가 진상했다. 조켄(如見)이 전수한 것은 원래 소진(宗訊)·신존(眞存)의 흐름을 따른 것으로 호슌인 님께서 이를 듣고 알기를 희망하셨기에 읽어드렸다. 그 내용은 마치 소진이 기록한 것을 잘라 붙인 것과 같았다. 물론 이미 그에 대한 교양이 얕지 않았다. 조켄의 적손(嫡孫)인 야마다 진에몬(山田仁右衛門)이란 젊은이가 나니와(難波)풍의 와카(和歌)를 읊을 줄 아니, 이를 내게 맡기셔서 그가 성장하면 전수할 수 있도록 하기 위해 유언함을 열 때, 나오토모(直友)도 이에 관심이 많아 함께 들었다. 소진(宗訊)·신존(眞存)이 들은 바를 기록한 것은 모두 쓰나노리(綱利, 4대 번주) 공의 문고에 있다. 쇼하쿠[17]의 적통임을 의심할 여지가 없었다.

– 『여철가전기』

이와 같이 김여철/와키타 나오카타는, 중세 무장이며 가인인 도 쓰네요리(東常緣)에게서 소기(宗祇) 그리고 쇼하쿠(肖柏), 자이베 신존(財部眞存), 기우카 도테쓰(麥生田道徹), 자이베 이칸(財部以貫), 자이베 소사(財部宗佐), 야마다 조켄으로 이어지는 고금전수를, 초대 번주의 생모로 김여철/와키타 나오카타에게 은혜를 베풀어준 호슌인과 같이 전수받은 것이다. 조켄이 자신의 대를 이을 아들을 김여철/와키타 나오카타에게 맡긴 것을 보아, 고전에 대한 이해라는 측면 이외에도 인간적으로도 얼마나 깊이 신뢰했는가도 엿볼 수 있다. 또한 이러한 과정

---

17 쇼하쿠(肖柏, 1443~1527) : 무로마치(室町)시대의 렌가시(連歌師), 가인으로 호를 모란꽃(牡丹花), 몽암(夢庵)이라 했다. 보탄게 쇼하쿠(牡丹花肖柏)라고도 한다. 중세 일본의 대표적인 렌가시인 소기(宗祇)로부터 전수된 『고금 와카집』, 『겐지 이야기』의 비전을 전한 인물이다.

을 기록한 자료가 번주의 문고에 있다는 사실까지도 제시해둠으로써 훗날 논란의 소지를 불식시키고 있다.

이러한 김여철/와키타 나오카타의 문인으로서의 특출한 재능을 역대 번주들도 높이 평가하고 있었으며, 때로는 번주가 다른 가신을 통해서 시가를 지어서 보내주기를 요청하기도 하였음이 기록되어 있다.

> 이번에는 만사 감사하고 아쉬움이 없어 좋았습니다. 귀하(김여철/와 키타 나오카타)께서 가도(歌道, 와카)에 조예가 있고 렌가(連歌)를 잘 읊으신다는 소문을 들으시고, 주군께서 사콘(左近)과 사몬(左門)에 게 말씀하신 취지입니다. 그리하여 급하게 귀하의 필적을 받으러 두 사람을 보낸 것입니다. 이야말로 큰 공이시고 가도를 주재하는 신의 가호에 어울리는 것입니다. 또한 상구(上句) 첫 4구까지 지어 올리라는 의중이신 것을 은연중에 알았습니다. 도사(土州) 쪽에 상 의하라는 영을 내릴 것이니 추후 연락이 있을 것입니다.
>
> ─『여철가전기』

『가전』에는 번주와 같이 한 석상에서 시가를 읊었으며, 주변에서도 그의 시를 구하려 했음이 드러나 있다. 번주가 사망하거나 하는 특별 한 경우에 직접 심경을 읊은 렌가(連歌)[18]를 『가전』의 곳곳에 싣고 있 다. 예를 들어 초대 번주 마에다 도시나가가 사망했을 때는 "사방은 모두 소매에 눈물 넘치는 5월이구나.", 3대 번주 마에다 미쓰타카가

---

18 중세에서 근세 초기에 걸쳐서 유행한 시가 양식으로, 상구(5·7·5)와 하구(7·7)를 번갈아가면서 읊어나가는 형식이다.

사망했을 때는 "꽃은 지고 날이 갈수록 탄식만 무성해지구나", 2대
번주 마에다 도시쓰네의 유골이 산으로 운구될 때는 "귀산(帰山)은
어떠한가 끝내는 눈 쌓인 길"이라며 애통한 심정을 표현하고 있다.

실로 김여철/와키타 나오카타는 문인의 세계에서 권위자로 인정받
았을 뿐만 아니라, 실제 창작 면에서도 탁월한 재능을 지닌 가인(歌人)
이었던 것이다.

2. 환상의 정원 옥천원

김여철/와키타 나오카타는 가나자와성 바로 아래쪽에 터를 잡고
살았는데, 그는 그 안에 '옥천원(玉泉園)'이라는 정원을 만들었다. 이
정원은 번주 일가가 사용하는 가나자와성의 물을 끌어다가 조성되었
다는 사실을 보아 번주의 특별한 승낙을 받아 착공되었음을 알 수
있다. 김여철/와키타 나오카타 때부터 공사가 시작되어 4대 약 1백
년에 걸쳐서 조성된 유서깊은 정원으로 오늘날까지 내려오고 있다.
정원의 형태는 상하2단식의 지천회유식(池泉回遊式)으로 되어있다. 여
기서 지천회유식이란 에도시대에 발달한 일본정원의 한 양식으로 회
유식(回遊式) 정원이라고도 하는데, 연못과 그 주위를 빙 도는 길을
중심으로 만들어진 정원을 말한다. 정원 이름인 옥천원(일본명 교쿠센
엔)은, 어린 김여철이 가나자와성에서 커가는 과정에서 어머니처럼
많은 은혜를 베풀어준 에이히메를 추모하기 위해 지은 것이다. 즉
에이히메의 법명인 교쿠센인(玉泉院)에서 '옥천(玉泉)'을 따온 것이다.
옥천원은 본정원(本庭)·서정원(西庭)·동정원(東庭)의 세 정원으로 이

루어져 있는데, 그 안에는 가나자와에서 가장 오래된 다실인 쇄설정
(灑雪亭, 가나자와시 지정문화재)이 있다. 또한 옥천원에는 오래된 조선잣
나무와 김여철/와키타 나오카타가 은밀히 기독교(천주교)를 믿었음을
보여주는 유적이 아직도 남아있다.

　오랫동안 김여철/와키타 나오카타의 후손들이 살아온 옥천원은
1905년부터 니시다(西田) 집안의 소유로 바뀌었다. 2대 니시다 기사부
로(西田儀三郎)부터 3대에 걸쳐서 개인의 힘으로 유지 관리되어오다
가, 1971년 재단법인 니시다 집안 정원보존회(西田家庭園保存會)가 설
립되고 나서부터 일반 공개를 하고 있다. 현재 이시카와현 지정문화
재로, 정원 규모는 도로가 생기면서 원래 모습보다는 많이 축소되어
있지만, 아직도 옥천원만이 지닌 특징을 유지하고 있다.

　그렇다면 와키타 집안은 어떻게 된 것인가? 와키타 집안은 무슨
연유로 조상 대대로 살아온 가나자와를 떠나야만 했던 것인가? 이
점에 대해서는 뒤에서 언급하기로 하고, 먼저 옥천원에 대해 한 걸
음 더 들어가 자세히 살펴보기로 하자. (이하의 문장은 옥천원의 공식
홈페이지 'www.gyokusen-en.net'에 실려있는 형식과 문장을 살리고, 여기에
필자가 약간의 수정 보완과 설명을 덧붙여 번역한 것이다. 이를 통해 현재 일본
에서 김여철/와키타 나오카타에 대한 인식의 일단을 엿볼 수도 있다.)

[사진 16] 4대에 걸쳐 만든 옥천원

1) 마에다 집안과 연고 깊은 정원

일본 3대 정원의 하나로 유명한 가나자와 겐로쿠엔(兼六園)의 바로 옆에 위치한 옥천원(玉泉園). 그 역사는 4백 년 전으로 거슬러 올라간다. 정원을 만든 이는 가가번의 사무라이였던 와키타 집안(脇田家). 에도시대 초기에 초대 나오카타(直賢)가 정원 조성을 시작하여, 4대 구혜(九兵衛) 때까지 약 1백 년에 걸쳐서 완성하였다. 가가번의 역대 번주가 만든 겐로쿠엔의 완성보다 120년 정도 오래된, 에도시대 중기에 만들어졌다. 옥천원이라는 이름은 가가번 초대 번주 마에다 도시나가(前田利長)의 정실 교쿠센인(玉泉院)에서 유래한다. 초대 나오카타는 교쿠센인의 배려에 의해 와키타 집안의 사위가 되었던 연이 있다. 옥천원이 겐로쿠엔의 수목을 차경(借景)하고, 연못의 수원지가 주군의 정

원인 겐로쿠엔 안을 흐르는 물에서 끌어온 것임을 보면, 가가번 마에
다번주와 와키타 집안과의 친밀도가 얼마나 깊었는지를 말해주고 있
다. 메이지시대 초기에 와키타 집안이 가나자와를 떠난 뒤에 니시다
집안(西田家)이 정원을 이어받았다. 약 2,370㎡의 정원에는 정원을 만
들기 전부터 심은 거목이 있고, 오래 된 조선잣나무(朝鮮五葉松)와 능
소화(凌霄花)가 이 명정원의 변천을 지켜보고 있는 것 같다. 1960년에
이시카와현의 명승(名勝)으로 지정되었다.

2) 환상의 양식 '옥간류' 정원

상하2단식의 지천회유식 정원으로 기복이 많은 경관미가 특징인
옥천원은 어떤 산수화에 근원이 있다고 전해진다. 그것은 중국 남송
시대 화승(畵僧) 분옥간[19]이 1694년에 간행한 『고금다도전서(古今茶道
全書)』 제5권의 권말에 3장의 산수화가 그려져 있는데, 그중의 한 장
인 「옥간님의 산수3단 폭포도(玉澗樣山水三段瀧圖)」가 옥천원과 모양
이 매우 유사하다고 한다. 위 책의 간행시기는 3대 와키타 나오나가
(直長)가 옥천원을 만들 때와 겹친다. 중국 승려 분옥간에서 유래하
는 '옥간류(玉澗流)'는 정원 축조에 있어서 환상적인 양식으로, 일본
에는 오직 6곳이 있음이 확인되었고 동해 연안에 있는 것은 옥천원
뿐이다. 한 폭의 그림과 같은 정원은 옛 승려가 그린 이상향으로 초
대할 것이다.

---

19 분옥간(芬玉澗, ?~?) : 남송 원초시대의 화승(畵僧). 절강성(浙江省) 출신으로 성은
조(曹)씨, 법명은 약분(若芬), 호를 옥간(玉澗)이라 했다. 출가한 뒤에 각지를 다니며
산수를 그렸다.

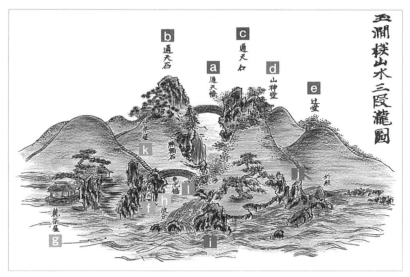

[사진 17] **옥간님의 산수3단 폭포도(玉澗樣山水三段瀧圖)**

'옥간류' 정원은 다음과 같은 4대 특색이 있는데, 옥천원은 이를 모두 갖추고 있다.

   (1) 가산(假山)이 두 개 있다.
   (2) 가산 사이에는 폭포가 설치되어 있다.
   (3) 폭포 상부에는 돌다리(通天橋)가 놓여있다.
   (4) 돌다리의 상부는 동굴식으로 되어있다.

3) 가나자와 최고(最古)의 다실 쇄설정

   다도 우라센케(裏千家)의 시조 센소시쓰(千宗室)의 지도로 만들어진 다실이다. 일본 다도 3대 유파의 하나인 우라센케는 유파의 시조 때부터 가가번과 밀접한 관계를 갖고 있었다. 시조인 센소시쓰(千仙叟宗室, 후술)는 가가번 4대 번주인 마에다 쓰나노리의 초청으로 가나자와 성 아래에 거처를 정하고, 번주의 다도(茶道) 담당 봉행(奉行)으로 근무했다. 김여철의 장남인 와키타 나오요시(脇田直能)도 센소시쓰에게서 다도를 배우고, 긴밀한 교류가 있었다고 한다. 옥천원의 가장 높은 곳에 있는 쇄설정(灑雪亭)의 뜨락은 센소시쓰의 지도로 만들어졌다. 연못을 중심으로 하는 정원과 다실 '쇄설정'으로 이루어져있고, 다실의 정원에는 구름속의 용을 부조한 손 씻는 대야가 배치되어 있다. 실내는 다다미 한 장 반이다. 내부 기둥으로 적송을 사용하는 등 한적한 경지의 와비차(侘び茶)를 보여주는 검소한 장식이 특징이다. 센노 리큐(千利休)의 와비(侘び, 한적하고 간소한 데서 오는 다도의 깊은 정취)를 연상시키는 단아한 다실로, 가나자와 시내에 현존하는 다실로는 가장 오래되었다.

쇄설정이란 이름은 가가번에 초빙되어 와있던 당대의 유학자 기노시타 준안(木下順庵)이 이 옥천원 정원에서 읊은 한시의 한 구절 [비천음설쇄(飛泉蔭雪灑)]에서 따온 것이다.[20]

---

20 기노시타 준안(木下順庵, 1621~1698) : 에도시대 전기 유학자. 호는 긴리(錦里)로 교토 출생. 후지와라 세이카(藤原惺窩)의 제자인 마쓰나가 세키고(松永尺五)에게서 주자학을 배웠다. 가가번에 출사하였고, 뒤이어 쇼군 도쿠가와 쓰나요시(德川綱吉)에게 시강(侍講)을 하였다. 문인으로는 아라이 하쿠세키(新井白石), 무로 규소(室鳩巢), 아메노모리 호슈(雨森芳洲), 미야케 간란(三宅觀瀾) 등 쟁쟁한 유학자가 있으며, 저서로 『錦里先生文集』이 남아있다.
기노시타 준안이 읊은 한시의 전문은 다음과 같다. "竹樹連岩壁。軒亭據水源。飛泉蔭雪灑。高榜細雲飜。僚友集仁里。弟兄同義門。勤勤主人意。酒茗到黃昏。"

[사진 18] **가나자와 최고의 다실 쇄설정과 내부 모습**

4) 4대에 걸쳐 만든 가가번의 중신(重臣) 와키타 일족

에도시대 초기부터 중기에 걸쳐서 옥천원을 만든 와키타 일족. 초대 나오카타(直賢)는 현재 서울인 조선 한성에서 태어나, 어릴 때 이름을 여철이라 하였다. 도요토미 히데요시가 행한 정한의 역(征韓の役, 임진왜란에 대한 일본의 과거 용어로 홈페이지에 그대로 표기됨.)에서 아버지 김시성이 죽고, 고아가 된 여철을 무장 우키타 히데이에(宇喜多秀家)가 일본에 데리고 돌아왔다고 한다. 세키가하라 전투에서 패한 히데이에는 하치조지마(八丈島)섬으로 귀양가게 되는데, 여철은 히데이에의 정실(가가번 마에다 도시이에의 4녀) 고히메와 가나자와성으로 들어오고, 가가번 초대 번주인 마에다 도시나가의 정실 교쿠센인에 의해 양육된다. 성장한 여철은 도시나가의 곁에서 근무하는 근시가 되어 귀화한다. 가가번 무사 와키타 시게도시의 사위가 되고, 초대 나오카타라 칭한다. 2대 나오요시는 당대의 학자 기노시타 준안에게서는 학문을, 센소시쓰에게서는 다도를 배우고, 3대 나오나가는 다도의 명인으로 호를 '유안(夕庵)'이라 했다.

옥천원의 조영은 초대 나오카타에서 시작되어 4대 나오나리(直德)에 이르러 완성되었다. 그 후 와키타 집안은 대를 이어 내려가다가 9대 유준(祐順) 때에 메이지유신을 맞이한다. 그러나 1878년(메이지 11년)에 와키타 일족은 정원 등을 놔두고 가나자와를 떠나고, 1905년 이후에는 니시다 집안이 주택과 정원을 계승하였다.

5) 조선잣나무

정원의 가장 높은 데에 높이 18m가 넘는 멋있는 조선잣나무가 심어
져있다. 잣나무의 줄기에는 가가번의 시조인 마에다 도시이에의 정실
호슌인에게서 하사받아 심은 능소화가 휘감고 있어서, 겐로쿠엔의
전망대에서도 그 꽃 핀 모습을 바라볼 수 있다. 수령은 350년을 넘었
고 4백 년이라고도 하는데, 김여철/와키타 나오카타 부자가 조선에서
구해 와서 심었다고 전해진다.

[사진 19] **쇄설정 옆에 우뚝 솟아
있는 조선잣나무**

6) 조선식 등롱

정원에 47기 있는 등롱 가운데 유일한 조선식 등롱이다. 정원 안에 솟아있는 조선잣나무처럼 출생지인 조선을 그리워하며 석공에게 만들게 한 것이다. 형태는 조선식이지만 석재는 나라이시(奈良石)이다.

7) 오리베형 숨은 기독교도 등롱

'숨은 기독교도(隱れ切支丹)'란 기독교를 전면 금지한 근세 일본에서 숨어서 혹은 불교도를 가장하여 몰래 신앙생활을 해온 천주교 신자를 일컫는데, 와키타 나오카타도 숨은 기독교도로서 은밀히 신앙생활을 했음을 보여주는 등롱이다. 숨은 기독교도였던 와키타 나오카타가 번의 석공에게 주문해 만든 것으로, 전체를 십자가 형태로 틀을 잡고, 등롱 뒤의 하단부에는 기도하는 성모 마리아상이 조각되어 있다. 정원을 만든 와키타 나오카타는 기독교 다이묘(切支丹大名)로 유명한 다카야마 우콘(高山右近, 후술)의 영향을 받아, 기독교도가 되었다고 한다.

센노 리큐의 수제자 7명 중의 하나인 후루타 오리베[21]가 고안한 데서 기인하여 '오리베 등롱(織部灯籠)'이라 불리는 가나자와에서 가장 오래된 숨은 기독교도 등롱이다.

---

21 후루타 오리베(古田織部, 1543~1615) : 일본 전국시대에서 에도시대 초기에 걸친 무장이며 다이묘로, 이름은 시게나리(重然)인데, 다인(茶人) 오리베로 더 알려져 있다. 센노 리큐(千利休)가 대성시킨 다도를 계승하면서도 대담하고 자유로운 기풍을 독자적으로 구사하여, 다기 제작, 다실 정원 만들기 등에 있어서 오리베풍의 유행을 가져왔다. 오리베는 에도막부 2대 쇼군 도쿠가와 히데타다(德川秀忠)의 다도 사범으로 근무하기도 하였다.

[사진 20] 등롱 표지판

[사진 21] 오리베형 숨은 기독교도 등롱(左), 오리베 등롱 뒷면에 새겨진 성모 마리아상(右)

이상, 옥천원과 아직까지 남아있는 유물을 보면 김여철/와키타 나오카타가 가가번주의 특별한 배려를 받은 가신이었음이 드러나 있고, 다른 한편으로는 김여철/와키타 나오카타가 조선인으로서의 아이덴티티를 안고서 얼마나 고국 조선을 그리워했는가가 잘 드러나 있다. 이국에서 혈혈단신으로 삶을 개척할 수밖에 없었던 김여철/와키타 나오카타의 외로운 삶 속에서 추구하던 바가 녹아들어 있는 곳이었다고 할 수 있다. 그리고 그의 이러한 마음은 후손들에게 대대로 이어져 갔던 것이다.

3. 기독교 신앙인

김여철/와키타 나오카타와 기독교와의 관계에 대해 말하려면, 먼저 일본 기독교사에서도 중요한 인물로 김여철/와키타 나오카타를 기독교의 세계로 인도했다는 다카야마 우콘(高山右近, 1553~1615)에 대해 좀 더 알아볼 필요가 있다.

다카야마 우콘은 일본 전국시대에서 에도시대 초기에 걸친 무장이며 다이묘였다. 대표적인 기리시탄 다이묘(기독교 영주)로 유명하다. 원래는 그의 부친인 다카야마 도모테루(高山友照)가 당시 일본에 체재 중인 선교사의 영향을 받아 기독교도가 되면서 가족이 모두 세례를 받았다. 우콘도 10살이라는 어린 나이에 세례를 받았는데, 그 후 마닐라에서 숨을 거둘 때까지 평생을 독실한 기독교 신자로 생을 영위하였다. 참고로 우콘의 세례명은 의로운 사람을 의미하는 '주스

트'였고, 아버지는 '다료', 어머니는 '마리아'였다.

우콘은 오다 노부나가와 뒤이은 도요토미 히데요시 정권하에서 다카쓰키성(高槻城)의 성주였는데, 그의 뛰어난 인덕에 감화되어 많은 무장들이 기독교 세례를 받거나 기독교에 대해 호의적인 인식을 갖게 되었다. 히데요시의 참모로 알려진 구로다 요시타카(黑田孝高), 가모 우지사토(蒲生氏郷) 등은 세례를 받았고, 히고(肥後, 구마모토현)의 영주이며 동시에 교양인, 다인으로도 유명한 호소카와 다다오키(細川忠興)와 가가(加賀)의 마에다 도시이에는 세례를 안 받았지만 기독교에 호의적이었다. 일설에 의하면 마에다 도시이에도 세례를 받았다고 한다.

1587년 히데요시의 선교사추방령이 내려지면서 기독교 영주로서 어려운 처지에 몰린 우콘은, 신앙을 지키기 위해서 자기 영지와 재산을 모두 내놓고 떠나 세상을 놀라게 만든다. 그 후 추방자의 몸이 되어

[사진 22] **김여철의 신앙에 영향을 준 다카야마 우콘**

같은 기독교 영주였던 고니시 유키나가의 영지에서 잠시 숨어 지내다가, 마에다 도시이에의 초청으로 가나자와에 와서 객장(客將)으로서 오랫동안 체재하게 된다. 뒤이은 초대 번주 마에다 도시나가로부터도 비호를 받아 가가번의 정치 군사에 대한 상담역할을 하였다.

한편 우콘은 센노 리큐의 고명한 7제자 중의 한 명으로 유명한 다인이기도 하였다. 머리를 밀고 이름을 미나미노보(南坊)라 하여 다도에도 정진하였다고 한다.

그러다가 1614년 에도막부가 기독교를 엄금하고 기독교도에 대한 해외추방령을 엄격히 내리자, 우콘은 결국 가나자와를 떠나 나가사키(長崎)에서 필리핀의 마닐라로 떠나게 된다. 당시 마닐라는 스페인의 지배하에 있었고 기독교는 보호받고 있었다. 스페인 총독의 열렬한 환영을 받으며 마닐라에 도착하였지만, 고령과 여독으로 병을 얻어 불과 40일 만에 사망하고 만다.

이처럼 우콘은 무장으로서, 투철한 기독교도로서, 뛰어난 다인으로서의 일생을 살았는데, 이런 그가 가가번에서 1588년부터 1614년까지 26년의 세월을 보냈다. 즉 김여철이 가나자와성으로 보내지기 전부터 우콘은 가가번의 중요한 손님으로 체재하고 있었고, 이 오랜 가가번 체재기간 동안에 번주의 최측근 가신으로 성장해가는 청년 김여철/와키타 나오카타와 깊은 교류를 가졌음은 충분히 추측할 수 있다.

어린 김여철을 가나자와로 보내준 고희메도 독실한 기독교신자였으며, 가가번의 마에다 집안은 막부의 뜻을 거슬리면서까지 우콘을 비호할 만큼 기독교에 호의적인 분위기였다. 주군이 기독교에 호감을 갖는 상황에서 주군을 가장 가까이서 모시고 있던 김여철/와키타 나오카타는, 또한 이방인으로 본질적인 외로움을 안고 있었으므로 기독교의 영향을 받기 쉬운 환경에 있었다. 더구나 우콘은 자타가 공인하는 뛰어난 인덕을 지닌 교양인으로서도 일반 사무라이들과는 남다른 존재였다. 청년 김여철/와키타 나오카타와 중년의 다카야마 우콘과의 만남과 교류, 안타깝게도 이에 대한 기록은 아직 찾지 못하였지만, 자기보다 한 세대 이상 위인 우콘의 일관된 삶과 투철한 신앙에 큰 영향을 받았을 것이다.

김여철/와키타 나오카타는 우콘의 영향을 받으며 기독교를 깊이 접하게 되고, 정원의 석등 뒤에 성모마리아 상을 조각해두고 몰래 기독교 신앙을 유지하기에 이르렀다고 보인다. 하지만 당시 기독교 신앙은 에도막부의 금령으로 기독교 신자들은 대부분 배교하였고, 신앙을 고수하면 유배되거나 참해지는 상황이었다. 만일 이러한 사실이 발각되거나 막부에 알려지기라도 하는 날이면 본인 목숨은 물론이고 번전체에도 심각한 문책이 내려올 위험을 무릅쓰면서까지도 우콘과 같은 진정한 신앙인의 길을 택한 것이라 할 수 있다. 여기에 에도막부의 금령을 어기면서도 지키려 했던 김여철/와키타 나오카타의 신앙으로서의 기독교가 있다. 필자는 김여철/와키타 나오카타와 기독교와의 관련성에 대한 명확한 물증은 '오리베형(織部型) 숨은 기독교도 등롱' 이외에는 아직까지 발견하지 못하였는데, 근세 일본에서 기독교는 절대 공개될 수 없었던 금기였다는 점을 고려하면, 어디에도 기록이 남아있지 않은 것이 당연할지도 모른다.

혈혈단신 이국땅에서, 부모가 살해당한 트라우마를 안고서, 그것도 부모를 살해한 원수의 나라 사무라이로서 주군에게 충성하며 살아가야만 하는 기구한 운명을, 하느님의 뜻으로 받아들일 수밖에 없지 않았을까. 사후에라도 구원의 길을 찾으려는 것이었을까, 아니면 제대로 제사를 지낼 수 없는 입장에서 아버지 영혼을 위로하고자 기도하였을까? 김여철/와키타 나오카타와 후손들은 그 등롱 앞에 서서 얼마나 많은 기도를 했을까?

오직 말 없는 그 성모마리아 등롱만이 많은 진실을 전해주고 있을 뿐이다.

4. 다도에 심취하다

유서깊은 옥천원의 한적한 다실에서 차를 마시는 모습을 상상해보자.

일본의 다도는 중세 말 선종의 승려들 사이에서 정신수양과 약용으로 마시기 시작한 것에서 출발하여 점차 퍼져나갔다. 전국시대의 절대 권력자가 된 오다 노부나가와 도요토미 히데요시의 특별한 보호를 받으며 더욱 유행하였고, 다실, 다기, 정원 등에도 뛰어난 것이 만들어진다. 이 시기에 일본의 다도를 완성했다고 평가되는 인물이 바로 센노 리큐(千利休, 1521~1591)이다. 센노 리큐는 생전에는 오다 노부나가와 도요토미 히데요시의 다도를 관장하는 책임자로서 천하제일의 종장(宗匠)으로 평가받았고, 사후에는 다성(茶聖)이라고 칭해졌다. 특히 그는 명나라의 화려한 도자기보다는 조선 평민의 투박한 도자기를 간소하고 한적한 정신을 기조로 하는 와비차(佗び茶)의 정신과 어울리

는 것으로 높이 평가하였다. 이에 따라 조선
도자기의 가치는 급상승하였고, 정유재란
때에는 일본 무장들이 경쟁적으로 조선인
도공들을 붙잡아가는 사단이 벌어지기도
하였지만, 정작 센노 리큐 자신은 조선 침략
이 일어나기 1년 전에 히데요시의 명으로 자
결하였다.[22]

오늘날에는 일본 다도와 조선과의 밀접
한 관련성이 도공이나 다완 등을 통해 밝혀
지고 있고, 여러 가지 설도 제시되고 있다.
나아가 센노 리큐와 교토 라쿠야키(樂燒)의
시조로 알려진 조선인 조지로(長次郞)와의
관련성, 교토 다이토쿠지(大德寺)와 조선과
의 오랜 관계, 와비차의 미의식에 어울리는

[사진 23] **일본 다도의 대성자,
센노 리큐**

조선 다완의 등장 등에 대해 종합적인 연관성이 요구되고 있다. 파격
적인 설로는, 일본과 조선의 예술문화 교류를 연구해온 미국의 동양
미술사학자 존 카터 코벨의 『일본에 남은 한국미술』(글을 읽다, 2012)에
서 센노 리큐는, 조선인 어머니에게서 태어났으며 성씨 센(千)은 한국
인의 성씨라는 설을 제시했음을 부기해둔다.

---

22 도요토미 히데요시가 오랫동안 다도 책임자이면서 비서 역할까지 해온 센노 리큐에
게 자결을 명한 정확한 이유는 밝혀지지 않고 있다. 히데요시와 다도에 대한 기본
인식의 대립이라는 설, 히데요시가 센노 리큐의 딸을 첩으로 요구했는데 이를 거절
했기 때문이라는 설, 히데요시의 조선 침략을 반대했기 때문이라는 설, 도요토미
정권 내부의 세력 싸움의 결과라는 설 등 수많은 설이 제시되어 있다.

여하튼 센노 리큐에 의해 종래의 다구(茶具)나 예법보다는 '화경청
적'[23]의 경지를 중시하는 와비차의 다도가 완성되는데, 이렇게 와비차
로 구현된 다도정신은 이후 일본 다도의 본류를 형성하게 된다.

센노 리큐의 다도는 그의 고명한 제자 7인과 10인을 일컫는 「리큐
7철(利休七哲)」, 「리큐 10철(利休十哲)」에 의해 각지로 펴져나가게 된
다. 예를 들어 「리큐 7철」은 유명한 무장이었던 가모 우지사토(蒲生氏
鄕)를 필두로 하여, 당대의 교양인으로 알려진 호소카와 다다오키(細
川忠興), 오리베풍을 유행시킨 후루타 오리베, 기독교 영주 다카야마
우콘, 그리고 시바야마 무네쓰나(芝山宗綱), 세타 마사타다(瀨田正忠),
마키무라 도시사다(牧村利貞)인데, 이들은 무장이면서 문화인들로 일
본 근세문화 형성에 중요한 역할을 하였다. 이들 중에 후루타 오리베는
전술한 옥천원 정원의 오리베 등롱을 만든 인물이고, 다카야마 우콘
은 김여철/와키타 나오카타에게 기독교 신앙을 심어준 인물이다.

센노 리큐 사후, 리큐의 후처인 센소온(千宗恩)이 데리고 온 센쇼안
(千少庵)과 리큐의 딸 오카메가 결혼하여 낳은 센소탄(千宗旦, 1578~
1658)에 의해 리큐의 다도가 계승되어간다. 센소탄은 센노 리큐의 죽
음을 교훈삼아 정치세계와의 연관을 일체 피하고 조부인 센노 리큐의
와비차를 더욱 철저히 추구하였다. 그리고 나서 에도막부의 치세가
안정되자, 그의 자식들을 각각 중요 번(藩)에 다도 사범으로 출사하게
하였다. 차남 센소슈(千宗守)는 다카마쓰(高松)의 마쓰다이라 집안에,

---

23 화경청적(和敬淸寂) : 송대 유원보(劉元甫)가 쓴 용어인데, 일본 다도에서는 주인과
　객이 마음을 온화하게 갖고 서로 공경하며, 다실이나 다도구는 청초하고 검소(質素)
　하도록 유의하는 것으로, 센노 리큐에 의해 다도 정신을 나타내는 대표적인 용어가
　되었다.

3남 센소사(千宗左)는 기슈(紀州) 도쿠가와 집안에, 그리고 4남 센소시쓰는 가가(加賀) 마에다 집안에 출사하여 봉직하게 된다. 장남 소세쓰(宗拙)와는 사이가 나빴던 모양으로 의절 등의 설이 전해온다.

센노 리큐로부터 4대째에 해당되는 이들 3형제에 의해 현재까지 내려오는 일본 다도의 3대 유파가 성립되게 된다. 즉 차남인 센소슈는 무샤노코지센케(武者小路千家), 3남인 센소사는 오모테센케(表千家), 막내인 센소시쓰는 우라센케를 형성하여, 센노 리큐의 도통을 이어왔다. 센소탄이 가독을 3남인 소사에 넘겨줌으로써 오모테센케가 본가가 되고, 우라센케, 무샤노코지센케 순으로 불린다. 참고로 이들 명칭은 교토에 있는 다실의 소재지에서 기인한 것으로, 우라센케의 다실은 곤니치안(今日庵)이다.

그럼 여기에서 김여철과 관계 깊은 4대째 센소시쓰(1622~1697)에 대해 좀 더 살펴보자. 센소탄의 넷째 아들로 태어났으며, 호를 센소(仙叟)라 하여 흔히 센소 소시쓰(仙叟宗室)라고도 한다. 교토 곤니치안을 물려받았으며 가가번에 출사하였다. 1652년 당시 가가번주 자리를 물려주고 은거 중이었던 2대 번주 마에다 도시쓰네에게 봉직하여 150석의 봉록을 받았다. 1658년 마에다 도시쓰네와 부친인 센소탄이 연이어 사망하자, 교토로 돌아가 우라센케를 계승하였다. 1671년에는 다시 4대 가가번주 마에다 쓰나노리(前田綱紀)의 다도 책임자로서 150석의 봉록과 가나자와성 아래의 저택을 하사받았다. 이후 1688년까지 가나자와와 교토를 왕복하면서 활발한 다도 활동을 하다가 1697년에 사망하였다. 센소시쓰 이후에도 우라센케와 가가번과의 교류는 계속되어 막부 말까지 이어졌다. 참고로 현재 우라센케 종가로서 센

[사진 24] **교토에 있는 우라센케의 곤니치안 전경**

소시쓰란 이름은 4대째부터 세습되기 시작하여 현재 16대 센소시쓰
가 활약하고 있다.

이상에서 센소시쓰는 1652년부터 1688년까지 무려 36년 동안, 중
간에 교토에 있었던 때를 제외하고는, 주로 가가번에서 다도 책임자
로 근무하였음을 알 수 있다. 가나자와봉행으로 비서실장으로 가까
이서 번주를 모시고 있었던 노년의 김여철/와키타 나오카타와도 깊
은 관계가 형성되었음은 미루어 짐작할 수 있다. 김여철/와키타 나
오카타 자신이 다도에 깊이 심취되었음은 옥천원에 남아있는 다실
을 보아도 알 수 있는데, 번주의 각별한 승낙을 받아 가나자와성 바
로 아래에 정원을 만들어 가는 과정에서 센소시쓰의 협력과 조언이
절대적으로 필요하였다. 실제로 다실, 다실정원, 연못으로 이루어

진 옥천원은 당대 최고의 다인인 센소시쓰의 지도에 의해 만들어졌다고 전해지고 있다.

센노 리큐에 의해 완성된 간소하고 한적한 미를 추구하는 와비차의 다도는, 조선인으로 태어나 일본인으로 살아가야만 하는 김여철/와키타 나오카타를 예술의 세계로 인도하여 마음의 안정을 가져오게 하지 않았을까. 대대로 그의 후손들도 다도에 심취하였고 손자 때에는 다도의 명인까지 배출된 것도 단지 우연이라고만은 받아들여지지 않는다.

이처럼 김여철/와키타 나오카타의 일생을 살펴보면, 단순히 살기 위해서 조선 유학자의 자식에서 일본의 사무라이로 변신했던 것만이 아니었다. 용맹했던 사무라이였고, 뛰어난 행정가였고, 그리고 고전과 당대 문학에 정통한 문인이었고, 종교적으로는 독실한 기독교도였고, 다도에 깊이 심취하였던 문화인으로서 여러 분야에 걸쳐서 족적을 남기고 있다. 김여철/와키타 나오카타 그는 절대고독 속에서, 이처럼 문(文)과 무(武), 아(雅)와 속(俗), 조선(朝鮮)과 일본(日本)이라는 서로 다른 세계를 한 몸에 품고 때로는 그 경계를 넘나드는 준엄한 일생을 살면서 그가 진정으로 추구했던 것은 무엇이었을까.

제2장

김여철/와키타 나오카타의 후손

문무를 겸비한 명문가

　김여철/와키타 나오카타가 갖은 노력을 하며 쌓아올린 1천5백 석의 가업은 번주의 허락을 받아 장남 와키타 구혜 나오요시(脇田九兵衛直能, 1611~1675, 이름 평승(平丞), 이하 와키타 나오요시)에게로 이어진다. 와키타 나오요시는 1천5백 석 봉록을 받는 가가번의 사무라이로서, 주군인 마에다 번주로부터 능력을 인정받아 가나자와봉행으로서 2대에 걸쳐 가가번의 중책을 수행하고, 그 후 주군 호위 기마대장을 역임하는 등 가가번의 중신이 된다.

　사무라이로서 또한 행정 관료로서뿐만 아니라 김여철/와키타 나오카타의 학문, 예술, 문학에 대한 DNA는 후대로 전해져서, 장남인 와키타 나오요시는 학문과 다도에서 더한 꽃을 피우게 된다. 쇄설정에서 기술한 바와 같이, 와키타 나오요시는 당대의 학자인 기노시타 준안에게 학문을 배우게 된다.

[사진 25] **와키타 나오요시의 스승, 기노시타 준안**

기노시타 준안은 에도시대 전기를 대표하는 주자학자의 한 사람이
다. 1682년 에도막부에서 근무하기 전까지 가나자와에서 2대 번주
마에다 도시쓰네를 섬겼는데, 그때 나오요시는 준안의 지도를 받고
그의 문하생이 된다. 참고로 기노시타 준안은 교육자로서 고명한 제
자 10명을 배출했는데, 나오요시와 동문인 이들은 에도 중기를 대표
하는 유학자로 활약했다. 그중에는 막부 정치를 주도한 아라이 하쿠
세키(新井白石)가 유명하고, 쓰시마번의 유학자로 조선과의 외교관계
에서 중요한 역할을 수행하였고 근자에는 한일 관계에서 신의를 강조
한 학자로 주목받고 있는 아메노모리 호슈(雨森芳洲, 조선의 기록에는
雨森東으로 나옴)가 있고, 저명한 유학자인 무로 규소(室鳩巣), 미야케
간란(三宅觀瀾) 등이 있다.

와키타 나오요시는 유학을 배우는 데서 그치지 않고, 가가번에 와
있었던 센소시쓰에게서 다도를 배운다. 나오요시는, 전술한 바와 같
이, 옥천원 안에 기노시타 준안의 시에서 따와 '쇄설정'이라는 다실
을 만들었는데, 이 다실은 센노 리큐의 와비차의 정신을 보여주는
다실로 오늘날까지 남아있다.

이렇게 다도에 관한 와키타 일족의 애착은 김여철/와키타 나오카
타, 와키타 나오요시를 지나 대를 이어 전해진다.

와키타 나오요시의 장남인 와키타 나오나가(脇田直長, 1648~1732)
도 1천5백 석의 가독을 계승하고, 주군 호위 보병대장, 기마대장 겸
재판소봉행, 나아가서는 가나자와성 관리 총책임자를 역임하는 등
가가번의 중책을 수행하였다. 은퇴한 후에는, 다도의 명인으로 '유
안(夕庵)'이란 호로 활약하였다.

이렇게 김여철/와키타 나오카타에서 시작하여 장남 나오요시, 장
손자 나오나가에 이르는 3대에 걸쳐 문무 양 방면에서 뛰어난 활약
을 보인 경우는 일본에서 그 전례를 찾아보기 힘들다. 그것도 외국
계가 일본에서 쌓아올린 업적이었다. 이에 대해 훗날 근대 일본에서
다음과 같이 평하고 있다.

> 실로 조선에서 도래한 사람들이 많은 가운데서도 와키타씨는 명가
> 로서, 특히 나오카타(直賢), 나오요시(直能), 나오나가(直長)의 3대
> 는 문무를 겸비한 사무라이였다고 말할 수 있다.[1]

와키타 3대를 문무를 겸비한 명문가로서 후대에 평가하고 있는
것이다. 더구나 이런 평가가 나온 시기가 와키타 집안이 가나자와에
서 떠난 뒤이고, 조선이 일본 식민지하에 놓여있던 시기라는 점을
고려하면, 그 의미는 적지 않다고 할 것이다.

김여철/와키타 나오카타 때부터 쌓아올린 가업과 명망은 2대 3대
를 지나 4대로 이어지는데, 가독을 이은 4대 와키타 나오나리(脇田直德,
1675~1753)는 드디어 옥천원 정원을 완성한다. 4대 와키타 나오나리와
5대 와키타 나오카도(脇田直廉, 1727~1772)는 주군 호위 기마대장을 역
임하며 1천5백 석의 가업을 유지해갔다.

그런데, 6대인 와키타 나오하루(脇田直溫, 1755?~1822)에 이르러 가

---

1 中島德太郎,『金澤古跡志』(第3篇8卷), 金澤文化協會, 1933, 34쪽.
　원문 : 實に朝鮮國より渡來せし人々多き中にも、脇田氏は名家にて、殊に直賢・直能・
　　　直長の三代は文武兼備の士ナリといふべし。

세가 기울게 된다. 와키타 나오하루도 1천5백 석의 가독을 계승하고 주군 호위 기마대장으로 근무하였는데, 정확한 이유는 알 수 없지만, 1783년 폐문에 처해지고 다음해 1천 석이 감해진다. 그 후 2백 석이 증액되었다가, 품행이나 소행이 좋지 않다는 이유로 문책을 받아 다시 2백 석이 감소되고, 가가번의 각종 직책에 임명되었다가 면직되는 등의 사태가 발생하여 마지막에는 봉록이 5백 석으로 축소된다. 이로써 김여철/와키타 나오카타 이래의 조선인 혈통으로 가가번 중신이라는 명목은 이어가지만, 점차 가세가 기울어 갔던 것이다. 그 후 5백 석의 봉록은 7대 와키타 나오오키(脇田直興, 1803~1858)로 이어지다가, 8대 와키타 나오미(脇田直躬, ?~1865) 때에는 150석으로 또다시 감소되고, 9대 와키타 유준(脇田祐順, 1850~1878)에 이르러 메이지유신을 맞이한다.

그리고 메이지 11년(1878) 와키타 일족은 '일본 사회를 뒤흔든 대사건(후술)'에 연루되자, 김여철/와키타 나오카타 이래 대대로 9대가 살아온 저택과 대를 이어 조성한 옥천원 정원 일체를 니시다 집안에 넘기고 가나자와를 떠나버린다.

이렇게 하여 근대 일본에서 와키타 집안은 가가번을 벗어나 새로운 길을 걸어가게 되었던 것이다.

메이지유신의 주역 살해

　1878년 와키타 일족의 한 인물이 일본 근대사의 중요한 사건에 등장하고, 그해에 와키타 일족은 가나자와를 떠날 수밖에 없게 된다. 그 중요한 사건이란 메이지유신을 만든 핵심 인물인 오쿠보 도시미치(大久保利通, 1830~1878)가 살해당한 이른바 '기오이 언덕의 변(紀尾井坂の變)'을 말하는데, 이 살해사건 주동자들 중의 일원으로 와키다 집안의 후손이 참가한 것이다.

　사쓰마번의 사무라이인 오쿠보 도시미치는 메이지유신을 성공시킨 핵심인물로, 사이고 다카모리(西鄕隆盛, 1828~1877), 기도 다카요시(木戶孝允, 1833~1877)와 함께 '유신삼걸(維新三傑)'로 일컬어진다. 오쿠보는 임진왜란과도 연고가 있는 규슈 가고시마의 고라이초(高麗町)에서 하급 사무라이로 태어났다. 장성해서는 사이고 다카모리와 함께 사쓰

[사진 26] 메이지유신 직후 미국 순방중인 이와쿠라 사절단의 오쿠보 도시미치
(정면 왼쪽부터 기도 다카요시, 야마구치 나오요시(山口尚芳), 이와쿠라 도모미(岩倉具視),
이토 히로부미, 오쿠보 도시미치)

마번의 지도자가 되었고, 마침내 에도막부를 무너뜨린 일등공신이
된다. 메이지유신 후에는 메이지정부의 실력자가 되어, 번(藩)을 없애
고 현재의 현(縣)을 설치하는 '폐번치현(廢藩置縣)'을 감행하는 등 신정
부의 중앙집권제 확립을 위해 노력하였다. 당시 메이지 초기의 조선
출병을 둘러싼 이른바 '정한론(征韓論, 근대조선침략론)'논쟁이 벌어지
자, 동지였던 사이고 다카모리 및 이타가키 다이스케(板垣退助)와 대
립하여 사이고 다카모리를 실각시켰다. 그 후 메이지 정부의 실권을
장악하고, 학제, 세금 개정, 징병제 등의 정책을 강력히 추진하였다.

1874년 대만 출병을 통해 대만 지배를 시작하였고, 1877년 메이지 정부의 정책에 반발하여 이른바 '불평사족(不平士族, 메이지정부의 정책에 불만을 품은 과거 사무라이들)'들이 규슈에서 반정부 내란인 '세이난전쟁(西南戰爭)'을 일으키자, 오쿠보 도시미치는 이를 진압하기 위해 교토에서 정부군을 지휘하였다. 오쿠보 도시미치와 당시 세이난전쟁의 지도자였던 사이고 다카모리는 젊어서부터 같은 사쓰마번의 사무라이로 메이지유신을 만들어낸 오랜 동지 관계였는데, 이제는 정부군과 반군의 지도자로서 서로 사생결단을 벌이게 되었던 것이다. 전 일본을 뒤흔들었던 메이지시기 최대 반란인 세이난전쟁은 결국 정부군에게 쫓긴 사이고 다카모리의 자결로 종결이 된다. 민심은 사이고 다카모리의 죽음을 애도하였고, 혼자 살아남아서 권력을 휘두르는 오쿠보 도시미치를 싸늘한 눈으로 보고 있었다.

그리고 이듬해인 1878년 5월 14일 8시 반, 오쿠보 도시미치는 메이지 천황을 알현하기 위하여 마차를 타고 도쿄 지요다구 기오이초(紀尾井町)에 이르렀을 때, 6인의 사무라이들의 급습을 받게 된다. 6인의 자객은 대담하게도 길가에서 오쿠보의 목을 자르고 시종을 살해하는 '기오이 언덕의 변'을 자행하였다. 이들 살해범들은 본인들이 의도한 대로 거사를 성공한 후, 메이지정부 고관들의 죄상을 적은 참간장(斬奸狀)을 들고 궁내성(宮內省) 정문으로 찾아가 당당히 자수한다.[2] 이들

---

2 참간장에는 당시 메이지정부 고관에 대해 다음 5개의 죄목을 들고 있다.
  - 국회도 헌법도 개설하지 않고 민권을 억압하고 있다.
  - 법령의 조령모개가 심하고, 또 관리의 등용이 정실과 연줄에 의하고 있다.
  - 불필요한 토목공사나 건축을 하여 국고를 낭비하고 있다.
  - 나라를 생각하는 지사를 배척하여 내란을 유발하고 있다.

[사진 27] **후대에 그려진
와키타 고이치**

은 사적 원한이 아닌 나라를 위한 거사임을 주장하였다. 그 후 6인의
살해범은 일본 사회의 지대한 관심을 받으며 국사범으로 재판을 받
고, 사족(士族) 신분에서 삭제되고 참형에 처한다는 선고를 받는다.
(단 당시 유일하게 평민이었던 와키타 고이치(脇田巧一)는 참형만을 받는다.)
그리고 선고가 내려진 7월 27일 당일에 모두 참수형을 당한다.

　이렇게 하여 메이지정부의 실권자로서 부국강병의 기치를 내세워
식산흥업 정책을 강력히 추진하였던 오쿠보 도시미치는 역사의 무대
에서 사라지고, 뒤를 이어 이토 히로부미(伊藤博文)가 메이지정부의
권력자로 부상하게 된다. 오쿠보 장례식은 일본 최초의 국장급으로
행해지고, 이 사건 이후 국가 요인에게는 경호가 따라붙게 된다.

─ 외국과의 조약개정을 하지 않고 국위를 떨어뜨리고 있다.

당시 일본 사회를 경악에 빠트린 6인의 자객 신분은 모두 당시 '사족(士族)'이었다. 사족이란 에도시대의 사농공상에 따른 신분제도를 폐지한 메이지정부의 '사민평등(四民平等)' 정책에 의해서 생겨난 용어이다. 근세의 지배계층이었던 황실, 다이묘, 사무라이에게 각각 황족(皇族), 화족(華族), 사족(士族)이라는 칭호가 부여되고, 이를 호적에 명기하였고, 그 외에는 모두 평민이 되었다. 6인의 자객은 모두 사족으로 시마다 이치로(島田一郎, 1848~1878)를 대장으로 조 쓰라히데(長連豪), 스키모토 오토기쿠(杉本乙菊), 와키타 고이치, 스기무라 분이치(杉村文一), 아사이 도시아쓰(淺井壽篤)였다. 시마네현 출신의 아사이 도시아쓰를 제외한 5명은 근세 가가번이었던 이시카와현 출신 사무라이였던 것이다.

그런데 여기서 눈길을 끄는 인물이 있다. 바로 와키타 집안의 와키타 고이치(脇田巧一, 1850~1878)가 들어있는 것이다. 김여철/와키타 나오카타로부터 8대째인 와키타 나오미의 4남으로 태어난 그가 왜 이러한 거사의 일원으로 참여했던 것일까. 남아있는 기록에 의하면, 그는 1873, 4년에는 가나자와시에 있는 중학교(石川縣變則中學)에서 근무했었는데, 학생들과 같이 당시 일본 사회를 휩쓸고 있던 민선의원 설립을 현청(縣廳)에 건의했었다. 그러나 그의 요청이 받아들여지지 않자 학교를 사직한다. 그 후, 세이난전쟁에 참여하고자 가고시마에 갔다가 돌아온 조 쓰라히데로부터 그곳에서 벌어진 이야기를 듣고, 더욱 깊이 사이고 다카모리를 흠모하게 된다. 1877년 사이고 다카모리가 자결하게 되자, 마침내 시마다 이치로와 공모하여 거사의 중심인물로서 오쿠보 도시미치의 암살에 참여한 열혈청년이었던 것이다.

그런데 거사 직전에 와키타 고이치는 다른 동지들과는 달리, 이례적인 행동을 한다. 즉 스스로 사족 신분을 버리고 평민이 된 것이다.

당시 신분을 중요시하던 시대에 젊은 와키타 고이치는 왜 자원하여 평민이 되려고 한 이유는 무엇일까. 어차피 정부의 최고 각료를 살해하려는 일이었으므로 성공하거나 실패하거나 관계없이 당사자들은 살아남을 수 없음이 자명한 사실이었다. 그는 오직 자기가 죽고 난 다음에, 와키타 집안에 화가 미칠까 염려한 것이다. 당연히 목숨을 버릴 각오로 거사에 참가했지만, 그럼에도 그가 지키려고 했던 '집안'

[사진 28] **동지들과 같이 모셔져있는 와키타 고이치 비석**

이란 무엇인가. 바로 와키타 집안의 일원으로서, 어떠한 경우라도 김여철/와키타 나오카타 이래로 면면히 내려온 그 흐름만은 지켜야 한다는 의식이 뿌리 깊게 내재화되어 있었던 것은 아니었을까.

여하튼 와키타 고이치가 사족인 와키타 일족의 신분을 미리 스스로 버리고 평민이 됨으로써 화가 직접 와키타 집안에 미치지 않았지만, 와키타 일족은 참형을 당한 국사범을 둔 입장에서 그대로 가나자와에 있을 수 없어서 가나자와를 떠날 수밖에 없었던 것이다.

당시 이들의 거사는 메이지정부가 국사범으로 신속히 참수한 것과는 달리, 가나자와 민중들의 드러나지 않는 지지를 받았던 것 같다. 현재도 가나자와시 한쪽에는 쇼와3년(1928) 메이지지사경찬회(明治志士敬贊會)에서 세운 6인의 비석이 세워져있다.

다이쇼시대의 대실업가, 와키타 이사무

　와키타 집안은 9대째에 이르러, 와키타 고이치의 오쿠보 도시미치 살해 사건의 여파로 일족이 모두 가나자와를 떠나는데, 10대째인 와키타 이사무(脇田勇, 1876~1930)에 의해 사업가로서 새롭게 부활한다.

　와키타 이사무는 다이쇼시대의 성공한 실업가로, 시사신보사(時事新報社)가 1916년에 조사한 전국 50만 엔 이상 자산가 목록에도 그 이름이 실려 있다. 또한 도쿄부회의원(東京府會議員)도 역임한 인물이었다.[3] 그가 50세가 되기 전인 1918년에 나온 동양신보사(東洋新報社)의 『다이쇼 인명 사전(大正人名辭典)』에는 와키타 이사무에 대해 다음과 같이 수록되어 있다.

3　도쿄부(東京府)는 1868년부터 1943년까지 존재한 일본의 부현(府縣)의 하나이다. 1878년에 제1회 부회의원(府會議員) 49명이 선거로 선출되어 도쿄부회가 열렸다. 와키타 오사무는 1919년 선거에서 1명을 뽑는 도쿄 아카사카구(赤坂區)에서 당선되었다.

大正人名辭典　(脇田勇)

脇田　勇　君

△出生地　石川縣
△現住所　東京、青山、高樹、一七　△電話、青、二六八〇
△生年月　明治九年九月二十五日

東京商業會議所議員　株式會社馬來護謨公司專務
取締役　東洋遊園地株式會社取締役　株式會社東
京棧銀行專務取締役　東海製綱株式會社監査役
王子煉瓦株式會社創立委員長　勳六等

君は石川縣士族脇田祐順氏の長男にして明治九年九月二十五日を以て生る、實性敏慧活潑、郷黨を了るや後出京して中央大學に入學す、講學三年優秀の成績を以て明治三十一年卒業するや直に身を實業界に投す、恰も好し此年京釜鐵道創設の事あり君乃ち先輩に推されて創立事務に參加し綜掌最も努む、而して一旦會社の成立するや文書課長並に調査課長の重職を兼務し銳利なる手腕を揮ひ先輩の推稱する所となる、幾許もなくして露韓との國交斷絶して干戈の間に相見んとするや、政府は京釜鐵道の速成を企畫し端なく大活動の時期に入れり、是に於て乎君威憤激勵君國に報するは正に此秋に在りと爲し、全力を傾注して當面に活躍奮進し其功程を急促し軍國に貢獻せるもの多大なり、其功に依り明治三十九年勳六等に叙せらる、既にして京釜鐵道は國有と爲り同僚竸ふて政府の辭令を拜せんとするや君獨り更たるを願はす、將に他の事業に走らんとせしも先輩の依囑に背く能はす、留りて之が清算事務に從事することとなれり、蓋し京釜鐵道は敷設の當時より内地鐵道と自ら其撰を異にするものあり、從て國有に移さるゝに及び其清算事務の如きも内地と其撰を同うせす、極めて錯雜なる事務を措置して幾多の新例を作り、斯界同業者に則さる所からしめたるは是れ亦君の事歷に沒すべからざるものなり、然るに世人も記憶せる當時の經濟界たるや、狂瀾先づ企業界に起りて怒濤忽ち金融界に影響し、爲めに宮城屋貯蓄銀行も亦其渦中に吸引せられ、將に破綻の淵に瀕せるや澁澤男爵等は之が復活を講ぜんとして茲に君を推薦するに至り、君乃ち知遇に酬んとして紛糾錯綜の衝に當り、傍ら四十二年君等が發起せる株式會社東京棧銀行を實現して、彼此打て一丸と做し以て其行務を整理繼承するに至れり、悠く四十三年別に倉庫業を開始し專ら斯業の發展に資しつゝあるは銀行業として機宜を得たる企畫と謂ふべし、四十五年に入るや國家の大勢より打算して、偸安に流るべからずと做し蓋然蹶起して支那及南洋に渡航し、親しく風土人情並びに經濟上の實況を視察調査し、一旦歸朝するや馬來半島に於ける護謨栽培事業の確實有利なるを覺り、株式會社馬來護謨公司を創立し將來事業の確質有利なる期に達し顧る好成績を舉げつゝあり、其他東洋遊園地株式會社收締役、東海製綱株式會社監査役等を兼ねて孰れも好績を現來しつゝあり、又大正六年春東京商業會議所議員の總選舉あるや、君深く歐洲大戰亂勃發以來の趨勢に考察する所あり、且我商工業者の任務や重大なるものあるに想到し、斷然

九六六

[사진 29] 『다이쇼 인명사전』의 와키타 이사무

△ 출생지 : 이시카와현
△ 현주소 : 도쿄 青山 高樹, 17電, 芝 2680
△ 생년월 : 메이지 9년 9월 25일
도쿄상업회의소의원, (주)말레시아고무공사 전무, 동양유원지주식
회사 중역, 주식회사 도쿄 사카에(榮)은행 전무, 동해제강주식회사
감사, 오지(王子)벽돌주식회사 창립위원장 훈6등(勳六等)

씨는 이시카와현 와키타 유준(脇田祐順)의 장남으로 메이지 9년(1876)
9월 25일에 태어났다. 천성이 기민, 지혜롭고 활발함. 지방학교를
마친 후 상경하여 중앙대학에 입학. 3년간 수업하고 우수한 성적으
로 메이지 31년(1898)에 졸업하자 곧바로 실업계에 투신한다. 마침
이 해에 경부선 철도회사가 창설이 되는데, 씨는 선배의 추천을 받아
창립 업무에 참가하여 열심히 진력한다. 그리하여 일단 회사가 성립
되자 선배의 추천으로 문서과장 및 조사과장의 중직을 겸하며 영민
한 수완을 발휘하였다. 얼마 지나지 않아 러시아와 국교를 단절하고
전쟁으로 들어가려하자, 정부는 경부선 철도의 조속한 완공을 기획
하고 무작정 실행에 들어갔다. 이렇게 되자 씨는 감격 격분하여 나라
에 보답할 시기는 바로 이 때라고 전력을 경주하여 당면한 과제 해결
을 위해 맹활약한다. 공정을 급진전시켜 국가에 공헌한 바가 다대하
였고, 그 공에 의해 메이지 39년(1906) 훈6등(勳六等)에 서위되었다.
이렇게 하여 경부선 철도가 국유가 되자 동료들은 경쟁하여 정부의
사령을 받으려고 하는데, 씨 혼자만은 관리가 되는 것을 바라지 않고
실업계에 들어가려고 하였지만, 선배의 부탁에 등을 돌릴 수는 없고,
남아서 경부선 철도의 청산작업에 종사하게 되었다. 그러나 경부선
철도는 부설 당시부터 내지(일본)철도와 그 궤를 달리하였고, 따라

서 국유로 되었어도 그 청산작업은 내지(일본)와 사정이 같지 않고 극히 복잡한 사무를 처리하게 되면서 많은 신례를 만들었고, 이를 업계의 동업자들이 따르게 된 것은 씨의 사무경력에서 빠트릴 수 없다. (중략)

메이지 45년(1902)에 들어가자 국가의 대세를 고려하여 편히 흘러가는 대로 살 수 없다고 분연히 떨치고 일어나, 시나(중국) 및 남양에 건너가, 현지 인정에 익숙해지고 동시에 경제적 실상을 시찰 조사하였다. 일단 귀국하자 말레시아반도에서 고무 재배사업이 확실히 유리함을 깨닫고 ㈜말레시아고무공사를 창립하였고, 드디어 수 년이 지나 채집하는 시기에 이르러 뛰어난 호성적을 거두었다. 그 외 동양유원지주식회사 중역, 동해제강주식회사 감사역 등을 겸하면서 여기서도 호실적을 이루어 냈다. 또 대정 6년(1917) 봄, 도쿄상업회의소 의원 선거가 있자, 씨는 유럽대전(1차 세계대전) 발생 이래의 추세를 고찰한 바가 있고, 동시에 상공업자의 임무가 중대한 것임을 생각하여 단연코 뜻을 정하고 입후보자에 이름을 올렸는데, 50여 명의 후보자 중에 2위의 고득점으로 월계관을 쓰고 현 의원으로서 공헌하게 되었다. 이보다 빠른 대정 4년(1915) 10월 시부사와(澁澤) 남작을 수행 도미(渡美)하여 폭넓게 미국 상공업을 시찰하였다. 그 중에서도 미국의 은행 및 신탁업에 관해 상세히 조사하였는데, 이를 활용하여 씨가 종사하는 주식회사 및 은행은 어느 쪽도 호성적을 거두게 되었고, 이제는 수완가 활동가로서 커다란 신망을 얻어 그 이름이 찬연한 실업계의 유력자가 되었다.

부인 가네코(金子)는 구사카 요시오(日下義男)의 질녀로, 슬하에 凱, 和, 孝 및 時子, 外子의 3남 2녀가 있다.

　이상의 당시 기록이 보여주고 있듯이, 와키타 이사무는 경부선 철도의 핵심 실무자로서 많은 역할을 하였음을 알 수 있다. 경부선 건설에 대한 관점은 일단 논외로 하고 본다면, 당시 자기 몸속에 조선민족의 피가 흐르고 있음을 잘 알고 있던 와키타 이사무가 대학졸업 후에 투신한 첫 업무가 경부선 철도 부설 관련이었음은 상징적인 의미가 있다고 할 수 있다.

　경부선 철도는 일본 제국주의의 야망을 실현하기 위해 1892년부터 측량이 시작되었고, 결국 1901년 영등포와 초량에서 공사를 개시하여 러일전쟁 기간 중인 1904년 말에 완공되었다. 『다이쇼기 철도사 자료 제2집』을 보면, 경부선 철도의 주식 모집에 착수했을 때 장인인 구사카 요시오(日下義雄) 경부선 철도 중역과 동반하여, 당시 경부선 철도 반대논자였던 거물 이노우에 가오루(井上馨)를 방문하여 설명하였다는 기록이 남아있다. 참고로 구사카 요시오는 아이즈번(會津藩) 사무라이 출신으로, 메이지시대에는 영국 유학 후에 제일국립은행에 근무하였고, 도쿄저축은행, 경부선철도, 동방화재보험 등의 중역을 역임한 실업가로, 중의원 의원에도 두 번 당선된 정치가였다. 추측건대, 와키타 이사무는 이러한 장인과의 관계 속에서 경부선 철도 업무를 맡게 되었던 것으로 보인다.

　와키타 이사무의 활동 반경은 조선과의 관계에서 머무르지 않고 확장되어 갔다. 1900년 대만협회의 '식민학교 설립 건의안'을 조사하는 조사위원 24명 안에 이름이 올라있다. 중국과 동남아시아에도 관심을 갖고 방문하였는데, 말레시아 방문 후에는 고무사업이 전망이 있음을 파악하고 돌아와서 고무회사를 만들어 성과를 거두기도

하였다. 나아가 미국은 물론 유럽을 방문한 다음에는 〈최근의 유럽
실정〉을 잡지에 게재하는 등 당시 일본의 실업계로서는 보기 드물게
전 세계를 시야에 두고서 일본 경제계의 발전에 자극을 주었던 것이
다. 또한 단순한 사업가에 머무르지 않고 도쿄 상공회의소 의원에
입후보하여 당선되어 활동하는 등 한 시대를 살아간 걸출한 인물이
었다고 사료된다. "커다란 신망을 얻어 그 이름이 찬연한 실업계의
유력자"라는 당대 사전의 평가는 그의 인품과 역량을 집약적으로 잘
표현한 것이라 할 수 있다.

    그는 총 12명의 자녀를 두었는데, 그 중 한 명이 일본 서양화단의
제1인자로 인정받았던 와키타 가즈이다.

서양화단의 제1인자 와키타 가즈

　시혼(詩魂)의 화가로, 현대 서양화단의 제1인자로 평가받는 와키타 가즈(脇田和, 1908~2005)는 와키타 이사무의 차남으로 도쿄에서 태어났다. 와키타 가즈는 실업가인 아버지와는 전혀 다르게 일찍부터 예술가의 길을 걷는다. 아오야마학원(靑山學院) 중등부를 중퇴한 후 15살의 나이에 독일로 유학하였다. 세계적으로 유명한 독일 베를린국립미술학교에 입학하였고, 1930년 졸업시에는 뛰어난 실력을 인정받아 금메달을 수상하는 쾌거를 달성하였다. 귀국 후 1936년, 자유와 순수함을 추구하는 화가 모임인 '신제작협회(新制作協會)'의 결성을 주도하였다.

　1955년 일본국제미술전에서 최우수상을 수상하였고, 도쿄예술대학에서 교수로 재직(1963~1970)하기도 하였다. 1991년에는 가루이자와(輕井澤)에 〈와키타 미술관(脇田美術館)〉을 개관하였다. 주로 새와 나비를 소재로 삼았으며, 동화적이면서도 따뜻한 인상을 주는 작풍을 특징으

[사진 30] **일본 최고의 서양화가 와키타 가즈**

로 하고 있다. 일본 서양화단의 리더로서, 1998년에는 정부로부터 문화공로자로 인정되었다.

그가 90세를 훨씬 넘긴 2003년 1월 4일~2월 2일에, 와키타 집안이 대대로 살았던 가나자와의 이시카와현(구 가가번) 현립미술관에서 〈와키타 가즈전〉이 개최되었다. 이 의미있는 전시회의 도록 인사말에는 와키타 가즈에 대해 다음과 같이 설명하고 있다.

"현대 일본 서양화단의 제1인자 와키타 가즈(1908~)는 새와 어린이를 제재로 시정이 풍부한 작품을 꾸준히 만들어왔습니다. 그 지순하다고 할 세계는 깊고 따뜻한 감동을 보는 이에게 전해줍니다.
메이지 41년(1908), 가나자와 출신의 실업가 와키타 이사무의 차남으로 도쿄 아오야마에서 태어난 와키타 씨는, 15세에 독일 베를린으로 유학가서 8년간 회화와 각종 판화기법 등 미술 전반에 걸쳐서 연마를 쌓았습니다. 귀국 후에는 전쟁 전에 이미 서양화단에 두각을 나타내서, 소화 11년(1936) 이노쿠마 겐이치로(猪熊弦一郎), 고이소 료헤이(小磯良平) 등과 신제작파협회를 창립하고, 이후 항상 구상회화의 제일선에서 화단을 리드해왔습니다.
서정적이면서 동시에 견고한 구성을 가진 씨의 작품은 정(情)과 지(智)가 높은 레벨에서 융합하고, 그 어디에도 구애됨이 없는 자유로운 세계는 여러 세대에서 폭넓은 지지를 받고 있습니다."[4]

---

4 「ご挨拶」, 『鳥と語る詩魂の畵家 脇田和』, 石川縣立美術館, 2003.

[사진 31] 와키타 가즈의 「새들의 대화」(와키타미술관 소장)

이상과 같이 와키타 가즈의 일생과 작품에 대한 평가를 잘 요약하여 설명해주고 있다. 가나자와에서의 전시회 이후 2년 뒤에 와키타 가즈는 98세로 영면하고, 후손으로는 동물원의 동물을 찍어온 사진 작가인 와키타 사토시(脇田智, 1938~)와 조각가이며 조형작가인 와키타 아이지로(脇田愛二郎, 1942~2006)가 있다.

그런데 김여철/와키타 나오카타로부터 11대째 후손인 와키타 가즈, 더구나 15살에 독일 유학을 떠나 부친이 사망한 해인 1930년에 돌아온 그가 조선인의 후손이라는 집안의 내력을 어느 정도 인식하고 있었을까. 특별한 귀족 집안이 아니면 족보가 없다는 일본 사회에서, 메이지시기의 풍파를 겪고 가나자와를 떠나온 와키타 집안인데 말이다. 하지만 와키타 집안은 남달랐다. 도록『와키타 가즈』에는 이를 엿볼 수 있는 자료가 있다. 시마사키 스스무(嶋崎丞) 이시카와현립미술관장은 도록에서 다음과 같이 말하고 있다.

> "나는 역사를 전공하였고 미술은 근세 공예여서 솔직히 말해서 근현대 회화나 조각에 대해서는 문외한이었는데, 와키타 씨 본연의 작품이라고 할 수 없는 색지 작품이었지만 무언가 훈훈한 온기를 느껴서 마음이 끌리는 것이었다.
>
> 색지를 가져온 사람이 말하기를, 와키타의 조상은 가가번에 출사하여 번주 측근 무사대장(小將頭) 등으로 근무한 무사의 집안으로, 그 저택은 현재 이시카와현의 지정 명승인 겐로쿠엔(兼六園)의 바로 옆에 있는 〈옥천원(玉泉園)〉이라고 한다. 이 이야기를 듣고나서 작품은 그렇다고 치고 나는 와키타 집안의 선조에 대해서 깊은 관심을 갖게 되었다.
>
> 와키타 집안의 초대 나오카타(直賢)는 통칭 구헤(九兵衛)라 칭하고, 원래는 조선인이었다. 도요토미 히데요시의 조선 출병, 소위 분로쿠의 역(文禄の役, 1592)에 불과 7살로 우키타 히데이에(宇喜多秀家) 군에 끌려서 오카야마에 왔다고 한다. 히데이에의 부인 고히메(豪姫)는 마에다 도시이에(前田利家)의 딸로 히데요시의 양녀가 되어, 훗날 히데이에에게 시집을 간 관계였으므로, 고히메(豪姫)는 나오카타를 친정인 가나자와에 보냈고, 나오카타는 도시이에 부인인 마쓰(まつ)에게 양육되었다고 한다. 성장하여 2대 번주 도시나가의 근시(近侍)가 되고 와키타 시게이에(脇田重俊)의 딸과 결혼하여 와키타 성을 사용하였다. 3대 도시쓰네(利常)의 오사카 양대 전역에 출진하여 공을 세워, 재무봉행, 특근 무사대장, 재판소봉행, 마치봉행(町奉行)을

거쳐 만지(万治) 2년(1659) 은퇴하여 여철이라 칭했다. 젊어서부터
문을 좋아했고 특히 렌가(連歌)에 뛰어난 재능을 발휘했다고 한다.
2대 나오요시(直能)는 통칭 헤이노조(平之丞), 후에 구헤(九兵衛)
라 칭하고, 부친이 은퇴한 후 그 봉록 1천5백 석을 잇고, 마치봉행,
주군 호위 기마대장으로 승진하였고, 도시쓰네(利常)의 사무담당관을
겸하였다. 부친과 도시쓰네에게서 깊은 영향을 받아서인지 학문을 좋
아하여 기노시타 준안(木下順庵)에게 사사하고, 부친과 마찬가지로
렌가를 잘 하였다. 다도를 즐겨 특히 5대 번주 쓰나노리(綱紀)의 다도
담당자였던 센소시쓰(千宗室)의 지도를 받아, 옥천원 안에 다실과 다
실 정원을 만들고, 다실로 놀러온 기노시타 준안에게서 '쇄설정(灑雪
亭)'이라 이름을 받아서 오늘날까지 남아있다. 3대 나오나가(直長)도
호를 유안(夕庵)이라 하고 다도를 즐겨했던 것처럼, 와키타 집안 대대
로 풍아(風雅)의 길을 좋아한 가가번 사무라이의 집안이었다."[5]

여기에서 '색지를 가져온 사람'은 와키다 가즈의 자제로 추측되는
데, 그는 조선인의 후손으로서 가가번 사무라이가 된 와키타 집안의
독특한 내력을 잘 알고 있었다. 이시카와현(근세 가가번)과 관계가 깊
은 와키타 집안에 대한 그의 설명에 미술관장은 큰 자극을 받아 김
여철/와키타 나오카타 관련 자료를 찾아보고 글을 쓴 것으로 보인
다. 이처럼 일본 사회에서도 특이한 와키타 집안의 내력과 후손들의
관계는 거의 알려져 있지 않았기에, 이시카와현 출신으로 역사에 관
심이 많았던 미술관장에게 충격을 주었던 것이다.

---

5 嶋崎丞, 「脇田和展開催で思うこと」, 『鳥と語る詩魂の畵家 脇田和』, 石川縣立美術館,
2003.

21세기의 와키타 집안

　필자는 「근세 일본에서 김여철/와키타 나오카타」에 대한 논문을 발표하였지만, 근대 이후의 와키타 집안이 어떻게 되었는가를 알 수가 없었다. 오랫동안 와키다 후손을 만나려는 염원을 갖고 있었는데, 우연히 그 염원이 기적처럼 이루어졌다. 2011년 교토에 머물렀던 기회에 가나자와를 몇 번 방문하였고, 그때 김여철에 대한 연구보고서를 작성한 가나자와대학의 쓰루조노 유타카(鶴園裕) 교수가 직접 김여철/와키타 나오카타 관련 유적지를 안내하여 주었고, 때마침 알게 된 후손에 대한 정보도 알려주었다.

　마침내 2013년 가을 도쿄에서 와키타 이사무의 12명 자녀들 중 차남인 와키타 가즈의 첫째인 사진작가 와키타 사토시와, 삼남인 와키타 다카시(脇田孝)의 장남으로 요코하마에서 보험회사를 경영하는 와키타 준(脇田順)을 만나게 되었다. 이들 사촌 형제는 김여철/와키타 나오카타로부터 12대에 해당되는데, 와키타 집안의 내력에 대해서 잘 알고 있었다.

그리고 마침내 2016년 서울을 방문한 와키타 준과 같이 광산 김씨 사온직장공파 종친회 사무실을 방문하였다. 종친회 사무실에서 종친 관계자들과 살펴보니, 김여철/와키타 나오카타가 김시성의 후손임을 확인을 할 수 있었다. 나중에 광산 김씨 족보의 형식에 맞게 와키타 집안의 내력을 작성하여오면, 새로 만들 광산 김씨 족보에 김여철과 그 후손들에 관해서 기재하기로 하였다.

조선 양반의 아들로 태어나 근세 일본에서 사무라이로, 번의 관료로 그리고 신앙인 다도인 학자로 살아간 김여철/와키타 나오카타, 그리고 그의 뒤를 이은 후손은 문무 양도에 공히 뛰어난 명문가를 만들었다. 근대 이후에는 오쿠보 도시미치의 살해자, 경부선 철도 부설 사업에 깊이 관여한 대정시대의 저명한 실업가, 현대 서양화단의 제1인자로, 대를 이어 후손들은 김여철이 남긴 DNA, 그리고 조선과의 불가피성을 인식하며 각자의 길에 투철한 삶을 살아왔다. 와키타 집안의 후손들은 지금도 민족을 넘은 길을 조용히 걸어가고 있다.

한일 역사가 남긴 비극의 희생자였지만, 결코 거기에 매몰되지 않고 꿋꿋이 자기 삶을 개척한 김여철/와키타 나오카타와 후손들의 삶은 한일 양국의 민족사 중심의 카테고리 안에 담아둘 수 없는 처절하고 숭고한 것이었다.

그 사이 한일 양국에서 4백여 년의 세월이 흘러갔다. 민족사 중심의 의식에 지배당하면서······ 그리고 오늘날 글로벌시대, 다문화공생시대를 맞이하였다.

[부기] 사야카/김충선에 대해서

임진왜란을 겪으며 김여철이 조선 양반의 자식으로 태어나 일본 사무라이로 살아갔다면, 반대로 일본 사무라이로 태어나 조선 양반으로 살아간 경우도 있었다. 그 상징적인 인물로, 임진왜란 때 조선에 자발적으로 귀순하여 조선의 무장 겸 양반으로 충성을 다하며 살아간 사야카/김충선이란 인물에 대해 부기해두고자 한다.

사야카(沙也可, 1571~1642)는 1592년 가토 기요마사(加藤淸正) 휘하의 선봉무장으로 조선에 출병하였다가, 경상도 병마절도사 박진(朴晉)에게 항복 서한을 보내고 부하들을 이끌고 투항하였다. 귀순 서한에서, "임진년 4월 일본국 우선봉장 사야카는 삼가 목욕재계하고 머리 숙여 조선국 절도사 합하에게 글을 올립니다. 지금 제가 귀화하려 함은 지혜가 모자라서도 아니며 용기가 없어서도 아니고 무기가 날카롭지 않아서도 아닙니다. (중략) 아직 한 번의 싸움도 없었고 승부도 없었으니 어찌 강약에 못 이겨서 화를 청하는 것이겠습니까. 다만 저의 소원은 예의의 나라에서 성인의 백성이 되고자 할 따름입니다." 라고 하여 본인은 조선군과 싸우지 않았고 능력이 부족하여 귀순하려는 것이 아니라, 명분 없는 이 전쟁에서 벗어나 문화국 조선의 백성이 되고자 함이 목적이라고 밝히고 있다. 이러한 마음은 훗날 자신의 호를 조선의 예의(禮義)와 문물을 사모한다고 하여 '모하당(慕夏堂)' 이라고 지은 것과 통한다.

[사진 32] **김충선**

사야카는 조선 출병 전에 이미 결혼하였고 여러 형제가 있었다고
알려져 있지만, 아직까지도 그의 일본에서의 정체는 수수께끼로 남아
있다. 대중적 인기가 있었던 시바 료타로(司馬遼太郞)의 『가도를 가다.
한국 기행』 속에서 사야카와 그가 살았던 대구 우록마을이 소개되면
서부터 일본 사회에서 관심이 늘어났고, 작가들이 사야카를 주인공으
로 한 작품을 쓰면서 사야카의 정체에 대한 여러 설이 나타나게 된다.
결론만 말하면, 규슈의 아소(阿蘇) 일족이라는 설, 와카야마(和歌山)의
사이카슈(雜賀衆)라는 설, 오카모토 에치고(岡本越後) 혹은 하라다 노
부타네(原田信種)라는 설 등이 제기되어 있는데, 모두 가토 기요마사
의 선봉장, 조총부대장, 혹은 도요토미 히데요시에 의해 피해를 본
일족일 거라는 관점에서 추정하고 있을 뿐 아직까지 객관적인 입증은
되지 않은 상태이다. 사야카가 귀순한 이상 조선 조정에서도 그의

정체를 국제적 비밀로 취급했고, 일본에서도 숨기려 했을 것이다.

여하튼 귀순 이후 사야카는 철저히 조선 편에 서서 조총, 화약의 제조법과 사격술을 가르쳐주어 조선군의 전력 향상에 큰 도움을 준다. 뿐만 아니라, 경상도 지역의 의병들과 함께 힘을 합쳐 경주·울산 등지의 전투에서 전공을 세워, 정3품 첨지 중추부사(僉知中樞府事)로 임명된다. 정유재란 때는 손시로(孫時老) 등 항왜(降倭) 무장과 함께 참가한 의령전투, 그리고 울산왜성 공격시에도 가토군을 격파하는 공을 세워 조정으로부터 종2품 가선대부(嘉善大夫)를 제수받고, 이어서 도원수 권율(權慄), 어사 한준겸(韓浚謙) 등의 주청으로 성명(姓名)을 하사받았으며 정2품 자헌대부(資憲大夫)에 승진되었다. 이때의 감정을 〈모하당 술회가〉에서는 "자헌대부와 성명을 일시에 하사해주시니 성은이 망극하여 이 몸이 가루 된들 어찌 갚을 수 있을 것이냐" 하며 충성심과 기쁜 감격을 밝히고 있다.

선조로부터 하사받은 성명이란, 김해(金海) 김씨 성과 충선(忠善)이라는 이름이다. 임금으로부터 하사받은 성씨이므로 사성(賜姓) 김해 김씨라 하는데, 본래의 김해 김씨와 겹치므로 그가 사는 마을 이름을 따서 보통 '우록(友鹿) 김씨'라고 부른다. 어쨌든 이를 통해서 일본인 사야카에서 오늘날 우리가 알고 있는 김충선이 탄생한 것이다. 김여철/와키타 나오카타가 일본에서 성장하여 결혼과 오사카성 전투에서의 무훈에 의해 완벽한 상급 사무라이로 살아갔다면, 사야카/김충선은 이미 성인이 되어 무장의 자격으로 귀화하였기 때문에 결국은 조선을 위한 전공을 인정받아 조선의 관직과 조선식 성명을 하사받음으로써 완벽한 조선 양반으로 살아갈 수 있게 된 것이다.

사야카/김충선은 임진왜란이 끝난 이후에 야인들의 침입으로 북방 변경이 소란하자 종군을 자원하여 10여 년 동안이나 변방 방위에 봉직하였으며, 1613년(광해군 5) 정2품상 정헌대부(正憲大夫)가 되었다. 1624년(인조 2) 이괄의 난 때에는 이괄의 부장 서아지(徐牙之)를 잡아 죽인 공으로 사전(賜田)을 하사를 받았으나 사양하고 수어청의 둔전(屯田)으로 사용하도록 하였다. 또 1636년 병자호란 때는 66세의 고령임에도 스스로 광주(廣州)의 쌍령(雙嶺)에 나아가 청나라 부대를 상대로 싸워 큰 전과를 올렸으나, 인조가 항복했다는 소식을 접하자 땅을 치고 통곡했다고 한다. 말년은 대구의 우록마을에서 후손들을 위한 가훈을 만들고 향리교화에 힘쓰다가 생을 마쳤다. 그가 남긴 시와 글을 보면 일본 무장으로서는 보기 드물게 문인으로서도 뛰어난 재능을 지녔음을 알 수 있다. 여하튼 그는 조선에서 반백 년 동안 살며 전장을 누비며 살았는데, 3번에 걸친 전란 - 임진왜란, 이괄의 난, 병자호란에서 모두 공을 세웠기에 〈삼란공신(三亂功臣)〉으로도 불렸다.

임진왜란이 끝난 뒤 29세 때, 진주목사 장춘점(張春點)의 딸과 결혼하여 5남 1녀를 두었는데, 장남 김경원(金敬元)은 관직이 호조참판(戶曹參判)에 이르렀고, 김경신(金敬信), 김우상(金佑祥), 김계인(金繼仁), 김경인(金敬仁) 5형제가 모두 벼슬길에 나서 초기 우록 김씨(友鹿金氏)의 기틀을 다졌다. 김경원의 둘째 아들 진영(振英)은 승정원좌승지(承政院左承旨) 겸 참찬관(參贊官)에 오르는 등, 3대에 걸쳐 20여 명이 관직에 나가 양반 가문을 확립하였다. 4대 김여삼(金汝三)은 조모가 죽자 초막을 치고 3년간 시묘를 극진히 하여 그 행적이 〈효행록〉에 기록돼 있으며 6대손인 김한조 때에는 사야카/김충선 관련 자료를 모아 1798년

[사진 33] **오늘날의 녹동서원**

(정조 22)에 『모하당집(慕夏堂集)』 3권을 간행하였다. 그 전인 1789년(정조 13)에는 지역 유림에서 유교적 문물과 예의를 중시하였던 사야카/김충선의 뜻을 기려 녹동서원(鹿洞書院)을 건립하였다. 이후 녹동서원은 1868년(고종 5) 흥선대원군의 서원철폐령에 따라 철거되었다가 1885년 다시 지었고, 1972년에 현재 장소로 이전 증축하였다.

일제강점기 때에는 우록 김씨 일족은 수난을 겪어야 했다. 일본인으로부터는 일본 사무라이가 사야카와 같은 매국노 행동을 했을 리없다며 그 존재 자체를 부정하거나 『모하당문집』을 위작으로 몰기도 하였고, 역사적 사실임이 밝혀진 뒤에는 매국노의 후손들이라며

멸시하였다. 한편으로 조선인으로부터는 왜놈의 종자라고 매도당하는 등 이중의 차별에 시달리기도 하였다. 해방 후, 후손 중에는 장관을 역임한 고급 관료도 나왔으며, 점차 우록동이 한일 사회에 알려지면서 찾는 이가 늘어나자, 2012년에는 사야카/김충선 장군의 박애사상을 기리고 한일 양국의 우호증진을 위한다는 목적으로 〈달성한일우호관〉이 건립되었다. 현재 사야카/김충선의 후손은 17대 7천여 명에 이른다고 한다.

　일본의 김여철/와키타 나오카타, 한국의 사야카/김충선, 이들의 삶은 21세기 한일 양국에 어떤 의미로 자리매김되어 있는가?

부록

1. 김여철/와키타 나오카타 연보

1586년 1세

서울에서 태어남, 어릴 때 이름은 여철(如鐵).

1592년 7세

일본군에게 아버지는 살해당하고, 본인은 우키타 히데이에(宇喜多秀家)군에 붙잡혀 일본 오카야마로 끌려옴.

1593년 8세

우키타 히데이에의 부인 고히메(豪姬)에 의해 친정인 가나자와의 호슌인(芳春院)에게 보내짐

1605년 20세

번주 마에다 도시나가(前田利長)가 은거함에 따라 100석을 받고, 다시 130석을 가증받음. 근시(近侍)로서 주군의 명을 전하고 각 지방의 문제를 중간에서 해결하는 역할을 함.

와키타 시게토시(脇田重俊)의 딸과 결혼하여 와키타(脇田)란 성씨를 갖게 됨.

참언에 의해 1년간 폐거하게 되고, 다음해에 호슌인의 조언으로 풀려남.

1611년 26세

장남 다다요시(直能)가 태어남.

1614년 29세

5월 주군 도시나가 사망함. 유물로 황금 3매 등을 받음.

6월 1600년부터 에도에 인질로 가 있었던 호슌인이 야마다 조켄(山
田如見) 등을 데리고 가나자와로 돌아옴. 이후 여철은 야마다 조켄의
가나자와 체재 중에 『겐지 이야기(源氏物語)』 고금전수(古今傳授)를
받음.

10월 「오사카성 겨울 전투(大坂冬の陣)」가 일어남에 따라 번주 도시
쓰네(利常)를 수행하여 출진함.

1615년 30세

5월 「오사카성 여름 전투(大坂夏の陣)」에 출전하여 무훈을 세움.

8월 논공행상에서 2백 석을 가증받으나 불만임.

1617년 32세

가나자와성 안에서 성장하게 해주고 후견인 역할을 해준 호슌인
이 사망함.

1625년 40세

장남인 나오요시(直能)가 명을 받아 봉록 3백 석을 받게 됨.

1627년 42세

봉록 430석의 잔금봉행(殘金奉行)에 임명됨.

1631년 46세

오사카성 전투의 전공에 대한 재검토가 시작됨.

1632년 47세

김여철의 무훈이 재평가되어 일거에 570석이 가증됨.

도합 1천 석의 가신이 되고, 이 해 철포대장(鐵砲頭), 전령대장(御使番)에 임명됨.

1637년 52세

재무봉행(算用場奉行)에 이름이 보임.

1639년 54세

3대 번주 도시쓰네가 은거함에 따라가려고 하지만 차기 번주 미쓰타카(光高)가 가나자와에 남도록 만류함.

1643년 58세

6월 보병대장에서 주군 호위무사 대장(小將頭)이 되고 수당으로 2백 석을 받게 됨.

9월 주군의 명으로 에도(江戶)로 올라감.

1645년 60세

1월 쇼군 도쿠가와 이에미쓰(德川家光)가 번주 미쓰타카(光高)로부터 여철의 이름을 듣게 됨. 차기 번주가 된 쓰나노리(綱利)의 3세 때 앞머리 기르는 의식이 있었음.

4월 번주 미쓰타카(光高)가 30세로 급사함. 재판소봉행(公事場奉行)에 임명됨.

그 후 가나자와봉행(金澤町奉行)를 명받음. 그간 임명받은 다른 중요 역은 중첩되어 내려놓고, 주군 비서실장(小姓頭, 번주의 신변잡사나 심부름 역할의 책임자)과 가나자와봉행을 은퇴 전까지 수행함.

1648년 63세

장손자 시치베(七兵衛)가 태어남.

1654년 69세

전 번주 도시쓰네(利常)로부터 양생을 위한 약을 하사받음.

1657년 72세

가나자와봉행으로 근무.

1658년 73세

10월 도시쓰네가 66세로 사망함.

12월 자신을 75세로 기록함.

1659년 74세(76세)

5월 가독을 장남 나오요시(直能)에게 넘겨줌. 그러나 비서실장 역할은 계속됨. 은거료로 3백 석을 받고, 장남에게 봉록 1천 석이 계승됨.

7월 마침내 모든 공직에서 사임을 허락받음.

출가하여 여철(如鐵)을 호로 함.

1660년 75세(77세)

1월 『여철가전기(如鐵家傳記)』를 완성함.

7월 19일 사망함. 법명은 옥봉여철거사(玉峰如鐵居士)임.

노다산(野田山)에 조선식의 토장 형태로 안장함.

2. 간략 김여철/와키타 나오카타 가계도

다음은 12대째인 와키타 준씨에 의해 제공된 것이다.

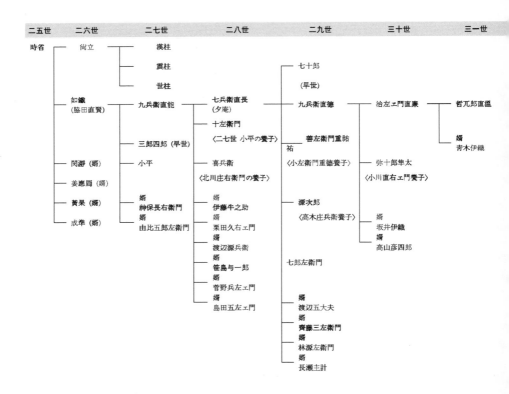

三二世	三三世	三四世	三五世	三六世	三七世	三八世

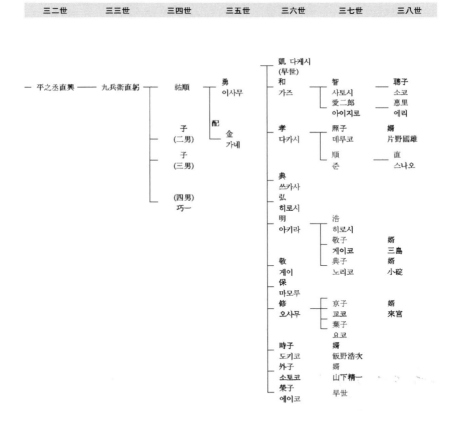

◇ 초대 김여철/와키타 나오카타(脇田九兵衛直賢, 1586~1660) 와키
타 연보에 상세함

◇ 2대 와키타 나오요시(脇田九兵衛直能, 1611~1675)

    2남 사부로시로(三郎四郎) 요절

    3남 고헤이(小平)

    그 외 1녀

◇ 3대 와키타 나오나가(脇田七兵衛直長, 1646~1732)

    2남 도에몬(十左衛門)

    3남 기헤(喜兵衛)

    그 외 6녀

◇ 4대 와키타 나오나리(脇田九兵衛直德, 1675~1753)

◇ 5대 와키타 나오카도(脇田左ユ門治直廉, 1727~1772)

◇ 6대 와키타 나오하루(脇田哲兀郎直溫, 1755?~1822)

◇ 7대 와키타 나오오키(脇田平之丞直興, 1803~1858)

◇ 8대 와키타 나오미(脇田九兵衛直躬, ?~1865)

◇ 9대 와키타 유준(脇田祐順)

    4남 고이치(巧一, 1850~1878)

◇ 10대 와키타 이사무(脇田勇, 1876~1930)

◇ 11대 와키타 가즈(脇田和, 1908~2005)

    장녀 도키코(時子), 장남 가즈(和), 차남 다카시(孝) 등 12명

◇ 12대 가즈(和)의 장남 와키타 사토시(脇田智, 1938~)

        차남 와키타 아이지로(脇田愛二郎, 1942~2006)

    다카시(孝)의 장녀 와키타 데루코(脇田照子, 1948~)

        장남 와키타 준(脇田順, 1952~)

3. 완역 『여철 가전기(如鐵家傳記)』

◇ 가나자와시립도서관 「가에쓰노(可越能)문고」의 『여철 가전기(如
鐵家傳記)』를 원본으로 하여 「日本近世初期における渡來朝鮮人
の研究—加賀藩を中心に—」에 번각된 것을 번역하였다. 원본은
부록 4에 실었다.

◇ 김여철/와키타 나오카타가 본인 일생의 중요 사건을 기록하며,
두 아들(헤이조와 고헤이)에게 보낸 글의 형태를 취하고 있다.

◇ 원본에 부기되어 있는 설명은 [ ]으로, 역자가 독자의 편의를 위해
임의로 덧붙인 설명은 ( )으로 하고, 작은 활자로 표기하였다.

◇ 난해한 일본어 고어와 가가번의 특수한 용어 등은 역자가 의미
설명을 본문에 첨부하거나 의역한 부분도 있고, 필요한 곳에는
각주를 달아 독자의 이해를 돕고자 하였다.

〈가전〉

나는 조선국 서울(帝都)에서 태어났다. 아버지는 김씨이고 자(字)는
시성(時省)으로 한림학사였다. 어머니 성명은 잊었다. 내 이름은 여철
(如鐵)이라 했다. 나라의 풍습에 따라 어려서부터 한문을 배운 연유로
이를 기록할 수 있다.

분로쿠 원년(文禄元年, 1592년) 임진년, 관백 히데요시(關白秀吉) 공이
조선을 공략하기 위해 히젠 나고야(肥前名護屋, 규슈의 조선 출진 기지)까
지 출진하였다. 주고쿠(中國, 서일본의 지방명), 시코쿠(四國, 일본 4대 섬

중의 하나)의 다이묘(大名, 지방 영주)들을 인솔하고, 비젠 주나곤(備前中
納言)[당시 재상] 히데이에(秀家) 경을 대장군으로 삼아, 크고 작은 부대
를 이끌고 부산포로 건너갔다. 조선에서도 요새를 구축하고 곳곳에서
방비를 하였지만, 수백 년간 싸움에 익숙하지 않았기 때문에 곳곳에
서 격파당하고, 서울에서도 패했다. 이때 시성(時省) 부자(父子)가 전
사하였다. 내가 7살 때이다. 히데이에 경의 수하에게 사로잡혔다.

같은 해, 히데요시 공이 나고야(名護屋)로 오신 해, 바다를 건넌 모
든 군세도 그러했다. 나는 그해 말, 비젠(備前) 오카야마(岡山)로 왔
다. 히데이에 경의 부인께서 고아된 나를 불쌍히 여기시어 이듬해에
어머니[호슌인(芳春院) 님이라 칭한다. 종일위(從一位)로 추증된 도시이에(利
家) 경, 당시 재상의 정실이다.]께 보내셨다. 당시 나는 8살이었다. 호슌
인 역시 매우 자비심이 넘치시어 적장자이신 주나곤(中納言) 도시나
가(利長)[당시 시종(侍從)] 경에게 나를 보내셔서, 호슌인 님 모자 두 분
의 양육으로 성장하였다.

도시나가(利長) 경이 엣추(越中) 도야마(富山)에 은거하실 때, 그곳
으로 나를 데리고 가주셨다. 아직 어렸지만 은상(恩賞)으로 1백 석을
받았고, 그 후에 130석을 가증받아 근시(近侍, 주군 보좌 비서)로서 봉
공하였다. 가가(加賀) 엣추(越中) 노토(能登) 세 지방의 신분이 높고 낮
은 무사에서 농공상인에 이르기까지 나에게 대부분 일의 중재를 맡
아 처리하도록 분부하셨다.

그러던 중에 처자를 거느리지 않았으므로, 와키타 다이토(脇田帶
刀) 선생, 와키타 시게유키(脇田重之)의 질녀와 결혼하여 성을 와키타
(脇田)로 바꾸었다. 점차 근시(近侍) 업무가 활발해질 때 참소를 당하

여 1년간 폐문하고 근신하였다. 이 일이 없었더라면 거듭하여 주군의 은상을 하사받았을 것인데 불행하고 불행하도다. 이듬해 호슌인 님의 주선에 의해 과실이 없음이 받아들여져서, 원래대로 근시로 복귀하였다.

도시나가(利長) 경께서는 수년 동안 종기를 앓으시어, 계속하여 기력이 쇠해지셨다. 게이초 19년(慶長19, 1610년) 5월 20일에 서거하셨다. 세 지방(모든 가가번)의 위아래 모두가 애석해하였다. 내가 너무 슬픈 나머지 읊은 한 수.

　사방은 모두 소매에 눈물 넘치는 5월이구나

도시나가 경께서 살아계셨을 때 각각에게 유물을 과분하게 주시었다. 보통 근시(近侍)는 황금 1매씩 배령받았으나 나는 별도로 3매를 배령하게 해주셨다. 다음 주군이신 도시쓰네(利常) 경께서 전처럼 가까이서 봉공하도록 명해주시고, 은 20매를 하사해주셨다. 전 주군께서 돌아가시어 의지할 곳이 없었는데 당 주군의 은혜가 참으로 깊으시다.

같은 해 오사카의 히데요리(秀賴) 공이 모반을 꾀한다는 소문이 은밀하게 있었는데, 이제는 이미 드러나 두 쇼군(에도막부의 초대와 2대 쇼군, 즉 도쿠가와 이에야스와 아들인 히데타다)께서 간토(關東)에서 출진하셨다. 도시쓰네(利常) 경께서는 북국 병사를 인솔하시어 3만여 기의 휘하 군세로 가나자와(金澤)를 10월에 출발, 오쓰(大津)에서 두 쇼군님을 알현하였다. 그때 함께 간 무사들은 모두 다카오카(高岡)에서 대기하였고, 오쓰까지 모시게 된 자 네 명—기타가와 규헤(北川久兵衛), 다카다 덴에몬(高田傳右衛門), 노무라 가쿠노조(野村角丞), 나—이 재빠르게 주선(쇼군 알현)한 것을 기특하게 여기시어, 그에 따라 상기 면면들에게 금은을 배령하게 하셨으니, 당시의 명예였다.

주군이 진을 친 곳은 사가(嵯峨)의 석가당(釋迦堂)이었다. 여러 부대가 휴식을 취하고 나서 오사카성으로 밀고 들어가 며칠간 서로 공격을 시도했으나, 이름 높은 성인 만큼 무리한 공격이 성사되기 어려웠기에 중재가 이루어져, 이듬 해 봄, 두 쇼군님과 여러 영주님들이 모두 부대를 되돌려 영지로 돌아갔다.

상기 중재는 일단 서로의 계략이었다. 또다시 오사카성 밖에서 일어난 봉기로 인해 두 쇼군께서 출진하셨다. 여러 영주들도 지난해와 같았다. 교토에 잠시 머문 후, 5월 5일에 밀고 들어갔다. 6일에는 오사카성에서도 병력을 내서, 공격군의 선봉과 교전하고 곳곳에서 각축전을 벌이다가 오사카성 쪽이 대적하지 못하여 퇴각하였다. 7일 총공격, 이에야스(家康) 님께서는 덴노지(天王寺) 입구, 쇼군 히데타다(秀忠) 공께서는 다마쓰쿠리 출입구(玉造口)를 맡았는데, 그곳의 선봉이 도시쓰네 경이었다. 적들이 자우스산(茶臼山)까지 나와 효시(嚆矢)를 쏘아올리는 것을 시작으로 서로 전투가 벌어졌다. 선봉대는 오카야마 곳곳에서 창을 맞대고 싸우다가 성안으로 진입하였다.

하타모토(旗本, 쇼군 직속 무사)들이 총동원되어 공세에 나섰고, 우리도 다마쓰쿠리 출입구를 공격하였다. 적은 니노마루(二之丸, 본성 외곽 두 번째 울타리)까지 퇴각하였고, 성 외곽은 함락되었다. 많은 병력이 사나다마루(眞田丸)에 쳐들어갔고, 나·구즈마키 하야토(葛卷隼

人)·하라 요사에몬(原與三右衛門)·가와이 가즈마(河合數馬)의 네 명은 다마쓰쿠리(玉造)의 전년에 메워버린 문쪽으로 쳐들어가려는데, 왼쪽 사거리에 아군이 많이 대기하고 있었다. 그곳으로 가며 건너편을 둘러보니, 1정(町, 약 109m)이나 앞쪽에 등에 꽂은 예닐곱 기를 발견하자마자 그쪽으로 뛰어가 합세하였다. 맞은편의 무너진 둑에서 파도가 이어지듯이 흰색 깃발을 꽂은 병사들이 1백여 명이나 나와 총을 쏘기 시작하였다. 대기하고 있었던 적이 튀어나왔고, 아군도 뛰어나왔다. 적의 수가 많아서 아군이 밀렸다. 그때 야노 쇼자에몬(矢野所左衛門)이 전사하였다. 이보다 앞서서도 교전이 있었다.

아군이 밀린 곳을 보니, 앞뒤로 2, 3정(町) 사이에는 적군도 아군도 한 명이 보이지 않고 모두 패주한 상태였다. 그 길에서 나는 후루야 쇼자에몬(古屋所左衛門)과 둘이서 말을 주고받으며 남았다. 그때 구즈마키 하야토(葛卷隼人)가 달려와 가담하여 왼쪽에 있었다. 그는 검은 망토에 금색 조각으로 부대 표식을 하고 있었다. 그 다음에 가지카와 야자에몬(梶川弥左衛門)이 왔는데 바탕이 하얀 겉옷을 입은 주군 호위무사단 복장으로, 등에 꽂는 깃발은 없었다. 그 사이에 아군이 조금씩 달려와 합세하였다. 적과 아군이 뒤섞여 마구 창을 맞대고 싸우고 있을 때, 와키타 다이토(脇田帯刀)·에모리 가쿠자에몬(江守角左衛門)이 달려와 합세하여 적을 무찔렀다. 다마쓰쿠리 출입구(玉造口), 니노마루 흑문(二ノ丸黒門)도 우리들이 장악했다.

후일 오사카성 밖 전투에 대한 무훈 조사 시에, 마쓰다이라 호키(松平伯耆)가 "구헤(九兵衛, 즉 와키타 나오카타) 귀하와 후루야(古屋)가 둘이서 뒤쪽 문에 남은 행위는 보통을 뛰어넘는 본보기"라고 말하자, 야마자키 간사이(山崎閑齋)가 타당한 의견이라고 인정하였다. 그렇지만 전체적으로 보아 공훈 가중의 건이 네게 유감이 남을 거라고 말씀하셨다. 당연히 우리는 그 억울함이 적지 않다고 말씀드리고, 한번은 확실하게 위에 전달되어야 한다고 호키 님께 다시 말씀드렸는데, 병환에서 회복되지 못하고 서거하셨다. 우리들의 한이 적지 않은 연유이다.

무훈을 심의하는 곳에서 우리는 "다마쓰쿠리(玉造) 외곽에서 구즈마키(葛卷)와 똑같이 쳐들어갔고, 나는 적의 두 번째 창부터 세 번째 창도 함께 대적했습니다. 구즈마키는 세 번째 창과 대전할 때 가담하였습니다. 그러므로 우리에게 공적이 있다고 생각합니다."라고 말씀드리니, 간사이(閑齋)가 "두 사람이 함께 창 싸움하는 곳까지 말을 타고 갔습니까."라고 물었다. 당연한 의심, 사거리까지 두 사람 모두 말을 타고 갔다고 답하였다. 그 후 간사이 외의 다른 분들은 이것저것을 다시 묻지 않았다.

미즈노 다쿠미(水野內匠, 가가번 가신)께서 서거하실 때까지 매번 모임에서 만나면, "귀하는 최전선에서의 무훈이 보통을 넘어섰는데 어째서 봉록 가증에 대한 통보가 없는 것입니까."라고 말씀하셨다.

창 싸움에 대한 공훈 조사에서 모씨의 진술에 대해 자세한 대질심문이 있었다. 모씨가 처음 창 싸움에서부터 그곳에서 적과 상대하였는데, 세 번 싸움 중에서 첫 번째 창 싸움에 뛰어난 공이 있다고 생각한다고 진술하였다.

창 싸움에 대한 3차 조사를 할 때, 구즈마키가, "후루야 쇼자에몬(古屋所左衛門)은 나보다 한 발 앞서 있었는가."라고 묻자, "모씨와 구즈마키는 우리 바로 뒤에 왔습니다."라고 답하였다. 그리고 그때 모씨가, 구즈마키가 그렇게 묻지만 우리들은 한 발 뒤에 있었음을 모든 분께 있는 그대로를 말씀드리니, 주군께서도 기특하게 여기셨다고 한다. 그리하여 결국은 가증을 받기에 이르러, 상기 사정을 모씨에게 알려주니 모씨는 후회가 되어, 다음의 무훈 조사 때에 고하기를, 처음에는 거짓을 말하여 정직하지 않았습니다, 라고 하였다. 세 번째 각축전의 양상으로 우열을 따져서 결정된 연유이다.

　쇼군 히데타다(秀忠) 공께서 타계하시고 나서, 오사카성 전투의 무훈 조사가 재개되었을 때, 이전의 조사 때 저에 대한 보상이 부족했던 것이 드러나, 430석의 본래 상에 보통을 넘은 570석을 더 가증받아, 합하여 1천 석의 봉록을 하사받았다. 또 철포대장과 전령대장으로도 명을 받게 되니, 비길 데 없는 결과에 수년간의 울분이 사라지고, 집안의 면목이 서니 그 무엇이 이에 비하겠는가. 그뿐만이 아니라 적장자 헤이조(平丞)에게 3백 석, 차남 사부로시로(三郎四郎)[도시이에 경의 근시(近侍)로 봉공, 어엿하게 발탁이 있을 것이었는데 요절, 불쌍하고 안타까울 따름이다.]에게 220석, 삼남 고헤이(小平)에게 2백 석을, 각각 부르시어 봉록을 하사하셨다.

　나중의 무훈 조사 때 제가 말씀드리기를, 이전의 조사에 따라, 후루야 쇼자에몬(古屋所左衛門)을 으뜸으로, 구즈마키 하야토(葛卷隼人)를 두 번째로, 가지카와 야자에몬(梶川弥左衛門)을 세 번째로, 이와 같이 봉록을 가증해 주셨습니다. 예로부터 듣기에 여러 사람보다 한 발 앞서나가는 것을 '1번 창'이라 합니다. 술잔을 순서대로 주시는 것처럼 세 명이 뛰어나갈 때까지 나머지 사람들은 그저 기다리고 있어야 하는 것입니까. 이에 대하여 전부터 유감스럽게 생각하였으나, 저는 아직 애송이로 다카오카(高岡)에서 찾아뵈어야 할 신참이나 마찬가지라서, 마쓰다이라 호키(松平伯耆) 님을 통해 말씀을 올리려 생각하고 있었습니다. 그런데, 호키 님이 서거하였기에 어쩔 도리 없이 수 년을 보내고 있던 와중에, 이번의 조사에 이르러 고할 수가 있게 되어, 근시(近侍) 시노하라 슈에이(篠原宗榮)를 통해 말씀드렸습니다. 그랬더니 주군께서 정말 신통하고 신통하구나, 그렇게 해야 마땅하다고 말씀이 내려온 것입니다.

반노 하치야(伴八矢)가 오카야마(岡山)에서 창으로 대적하였고, 그 후에 또 마을 입구의 창 싸움에 합세하였으므로, 그때 내가 남아있었던 것을 반노 하치야는 확실히 보았을 것임을 두 번째 조사 때 고하였다. 제 쪽에서 먼저 증거를 대지 않고 있었을 때, 하치야가 이 사실을 말씀드리자 도시쓰네(利常) 경께서 드디어 인정하시어 봉록의 가증이 평균을 넘었다.

도시쓰네(利常, 2대 번주) 경께서 고마쓰(小松)로 은거하실 때, 나는 고마쓰로 데려갈 인원으로 되어 있었는데, 미쓰타카(光高, 3대 번주) 공께서 나를 수하로 쓰고 싶다고 말씀을 올리셨으나 한두 번으로는 허락을 안 해주셨다. 그렇다면 진언해야 한다며, 오사카성 밖 전투에서의 무훈 등을 말씀하시어 면목을 살려주신 주군의 뜻, 이런 사실을 미쓰타카 공께서 직접 말씀해 주셨다.

간에이 20년(寬永20, 1643년) 5월, 비서실장(小姓頭, 주군 신변의 제반 잡사 및 호위를 담당하는 비서실장 역할)으로 임명하신다고, 가미오 도노모노스케(神尾主殿助)가 에도로부터 미쓰타카(光高) 공의 서신을 지참해왔다. 마에다 이즈모 영주(前田出雲守)와 함께 두 사람에게 하달하신 주군의 취지는, 저·나카무라 소에몬(中村惣右衛門)을 비서실장(小姓頭)으로 명하니, 항상 공무뿐만이 아니라 마음가짐 또한 이와 같으라고, 도노모노스케가 전언으로 말씀해주시고, 봉록 2백 석을 하사해주셨다.

비서실장(小姓頭) 중 쓰다 겐에몬(津田源右衛門), 마쓰다이라 우네메(松平采女)는 병으로 인해 수년간 임무가 중단되고 제외되어 왔다. 이번에 두 사람을 비서실장으로 임명한다. 계속 생각해온 일이니 이 뜻을 받도록 하여라. 자세한 사항은 가미오 도노모노스케(神尾主殿助)가 말해줄 것이다. 이상.

    5월 19일　　　　　　　　　지쿠젠(筑前) 미쓰타카(光高) 어인(御判)

      와키타 구헤 님

      나카무라 소에몬 님

    상기 편지를 하사받았으나 나는 이에 대하여 이마에다 민부(今枝民部, 1만 4천석의 가가번 중신)편으로 편지를 통해 말씀올렸다.

〈각서〉

一. 저는 일전에 주나곤(中納言, 2대 번주 도시쓰네) 님 근시(近侍)로 봉공할 것을 명받았으나 눈이 침침하고 게다가 근육통으로 인해 보행이 안 되므로, 니시오 하야토(西尾隼人)를 통하여 서약서로서 사유를 말씀올리고 사면을 받아 관리가 되었습니다. 그 후 재무담당을 맡도록

명을 받았으나 가가(加賀)에서의 사무이므로, 그저 지금까지 근무해
왔습니다.

一. 예전 히젠(肥前) 님(초대 번주 도시나가) 이래 가가에서 근시의 임무
를 맡아왔고, 또한 그리하여 쇼군이 계신 에도(江戶) 쪽 일은 모릅니
다. 지금까지도 하물며 하타모토(旗本, 쇼군 직속의 사무라이)는 한 명도
알지 못하므로 에도 쪽 근무는 하기 힘들며, 나이가 들고 눈이 침침해
서 일이 서투르고, 그리하여 특히 폐를 끼칠 것이라 사료되옵니다.

一. 쇼쇼(少將, 3대 번주 미쓰타카) 님을 마지막까지 모시지 못하였기에,
두고두고 황송하게 생각될 것입니다. 제가 할 수 있는 봉공이라면
어떠한 것이라도 말씀드리고 맡을 각오가 되어있습니다. 그런데 간에
이 8년(寛永8, 1631년) 오사카성 외곽전투에 대하여, 주나곤 님께서 다
시 조사하셨을 때, 이전의 제 수준에서보다 많은 봉록을 가증해주신
것을 넘어서 다시 과분한 가증을 배령하게 해주시고, 부대장(物頭)으
로 임명하시어, 세상에 체면이 서니 황공하고 더할 나위 없이 감사드
릴 따름입니다만, 눈이 침침하고 근육통이 있으므로 근시 근무를 사
양하고 관리가 되었습니다. 지금 바로 간청하여 말씀을 고하면, 계속
말씀드려 왔듯이 주나곤 님께서 생각하시는 바를 바로 헤아리기 어려
워 폐가 될 것이라 생각됩니다. 게다가 대대로 무사들이 신년 배례
의식 등에서도 진지(人持, 가가번 최상급 가신단), 다음으로 철포대장(鐵
砲頭)이 말씀을 올립니다. 게다가 모든 부대장(組頭)보다 철포대장은
평소 때도 선봉에 가담하여 말씀하고, [각 사무라이는 맡은 바의 등급과
역할이 있어서] 이렇게 만사가 대대로 평안하게 성사되어 왔습니다.
이러한 생각이 마음속에 있으면서도 그저 황감하다라고만 말씀올리

는 소견, 표리(表裏)가 있으면 결국 떳떳하지 못한 일이라 생각하므로 송구하오나 이와 같습니다. 다만 주군께서 영지로 돌아오신 것을 기다렸다가 말씀드려야 할 일이나 저는 이슬과 같은 노후의 목숨이니 헤아리기 어려워, 다른 직으로 바꾸고 싶은 마음을 우선 귀하께 말씀드렸습니다. 이러한 저의 취지를 공식적으로 전하게 되면 절차가 시끄럽게 되므로, 내밀하게 귀하께서 될 수 있도록 처리해주시기를 부탁드리겠습니다. 이상.

　　6월 6일　　　　　　　　　　　　　　　　　와키타 구헤
　　　　　　　이마에다 민부 님

이마에다 민부의 답장

그래도 역시 비공식 편지 및 문서의 건에 대하여, 이번 일의 핵심이므로 접견실로 알현하러 오라는 분부가 있었습니다. 한평생의 주장을, 이제 와서 주군 눈에 띄지 않으라고 적으신 글입니다. 비서실장(小姓頭) 건에 대해, 진지(人持, 최상급 가신) 중에서도 기량이 뛰어난 자가 없다고 강하게 의식하고 계셨으므로, 이번 편지는 시비가 될 일이 없다고 생각하였으나 의외의 의견, 우리가 가지고 감싸고만 있어서는 절대로 안 될 것이어서 주군이 보시게 되었습니다. 편지를 보시고 생각하신 바와 달라 대단히 놀라신 것처럼 보였습니다. 이상.

이번에 이토 우에몬(伊藤宇右衛門)에게 직무를 분부하시자, 감사의 인사를 드리기 위해 알현하였고, 주군의 서장이 도착해서 상세히 읽어보았습니다.

一. 이번에 귀하께서 비서실장(小姓頭)을 명받고 난처했다고 하는 바, 세상 평판은 중요하지만, 말씀하신 것처럼 연세가 드시어 근시의 임무는 폐가 될 것이라고 특별히 말할 필요가 있습니까. 일단 주나곤(中納言, 주군) 님께서 사면하셨고 번(藩)의 공무를 명하셨는데, 눈이 침침하니 근육통이니 이모저모로 에도(江戶)에서의 봉공은 하기 어렵다고, 무엇보다 주나곤 님께 임명에 대한 거절을 말씀드리고 나서 다시 쉽게 간청하는 것을 주군께서는 어떻게 생각하시겠습니까. 예전부터 속에 담아둔 일이라 한층 힘드신 것은 당연하십니다. 그럼에도 여전히 그렇게 말씀올려서는 안 된다는 생각, 그러한 귀하의 마음은 주군의 마음과도 통하는 각별한 것이므로, 결국은 어리석은 의견에 지나지 않습니다.

一. 다마이 후지자에몬(玉井藤左衛門), 야마모리 기치베(山森吉兵衛)에게는 호위기마대장(馬廻組頭)을 명하시고, 귀하께는 비서실장(小姓頭)을 명했으므로 결국 두 사람보다 못하다는 내용이 편지에 있습니다. 주군께서 생각하시는 바와는 하늘과 땅 차이이므로 시비를 따질 건이 아닙니다. 주나곤 님께서 6년 전에 은거하셨을 즈음부터 비서실장이었던 쓰다 겐에몬(津田源右衛門)이 병에 걸렸습니다. 마쓰다이라 우네메(松平采女)의 경우는 호키(伯耆) 님의 손자이기 때문에 명하셨으나, 그 기량이 부족하여 누가 되었든 교체하였으면 좋겠다고 주군 부자가 은밀히 말씀을 나누었다는 소문이 종종 들리곤 하였습니다. 번의 최상급 가신단인 진지(人持)가 많이 있지만 마땅한 사람이 없어 시간을 끄셨습니다. 호위기마대장(馬廻組頭)으로 명받은 사람들을 좀처럼 임명하실 분위기가 아니라고 들었습니다. 처음에 비서실장(小姓頭)으로

명하신 것은 니와 오리베(丹羽織部)인데, 다이쇼데라(大正寺)에서 상대
해보고 오사카성 여름전투 때 오카야마(岡山)에서의 공훈에 따라 그만
큼 봉록을 가증해주셨습니다. 그리고 아비코 사마(安彦左馬), 구즈마
키 하야토(葛卷隼人), 스기에 효스케(杉江兵助), 쓰다 겐에몬(津田源右衛
門), 모두 혁혁한 무훈이 있어서 그에 맞게 각각에게 봉록 가증도 명하
셨습니다. 근자 몇 년 주나곤 님대에는 이러한 사람들을 호위기마대
장에 임명하지 않으신 것으로 압니다. 그러나 귀하께서 생각하시어
여러모로 말씀 올린 이상, 별지의 편지와 문서를 그대로 보여드려야
한다고 생각했으나, 이대로는 상대도 생기고 또한 무엇보다 주군 앞
에 그리하면 안 되는 것이 아닌가라고 생각했습니다. 그래서 같은
집안의 고헤이(小平, 와키타 나오카타의 셋째 아들) 님과 나카무라 로쿠노
조(中村六之丞)를 불러서 의논했습니다. 마음에 드시지 않을 것이라
생각했으나 편지를 수정하기로 하고, 크게 보아 뜻하시는 형태로 당
신의 필적과 비슷하게 고헤이 님께 다시 잘 쓰게 하여 그저께 주군께
상신하였더니, 뜻밖에도 생각하신 바와 달라 황송했습니다. 주나곤
님께서도 이 역할을 명하시면 감사하고 기쁘게 받아들일 것이라 생각
하셨습니다. 지쿠젠(筑前, 3대 번주의 관직) 님도 과분한 은상이라 생각
하시고 평판에 따라 분부하셨는데, 그쪽에서 그렇게 생각하시니 만사
가 상서롭지 않다고 생각하실 것입니다. 어쩌면 조직 안의 재가를
받기 힘든 건일 수 있는데, 임무를 교체하시겠다는 것을 은밀하게
하다니 당치도 않고 마음에 안 드십니다.

一. 주군 부자께서 줄곧 생각해오신 것은 대대로 고쇼(小姓, 신변 호위
및 잡무 담당 비서) 중 도움이 된 자는 많이 있었습니다. 만일의 때에는

어려움에 처해서 주군 스스로가 대적해야 합니다. 그때는 우선 고쇼 만을 데리고서 승리해야 합니다. 그러한 고쇼의 우두머리가 될 만한 사람은 많이 있지만 그 중에서 누구에게 맡겨야 하는가를 수년 동안 부자께서 물색하고 서로 물어보셨다고 들었습니다. 그런데 호위기마대장(馬廻組頭)보다 못하다는 의견, 우리들은 처음에 이해가 되질 않았습니다. 필시 고려하신 바가 있으시리라 생각합니다만 하늘과 땅 차이가 납니다.

一. 눈이 침침하시고 연세가 드시어 에도에서 주군 봉공을 하기 어렵다는, 무엇보다 일전에 주나곤 님께 거절하겠다는 말씀에서 잘못된 도리에 대한 거절까지는 지당합니다. 그러나 너무 자기 입장만 주장하시면 봉공인의 법도가 어찌해야 하는지 이 부분도 판단하기 어려우니, 조금은 생각하시어 첨가하여 써야 합니다. 바꾸어쓴 편지는 고헤이(小平) 님께서 진상하시어 주군께서 보실 것입니다. 이상의 편지는 저에게 맡겨 두십시오. 자세한 것은 고헤이 님께서 말씀해 주실 것입니다. 삼가 말씀드립니다.

6월 19일　　　　　이마에다 민부 나오쓰네(今枝民部直恒)

와키타 구헤(脇田九兵衛) 님께

　거절하는 말씀을 드려서 지극히 황송하므로, 비서실장(小將頭)을 청하고자 진상합니다.

　동년(1645년) 9월, 에도로 부르시어 이듬해 이누치요(犬千代, 4대 번주 마에다 쓰나노리의 아명) 님께서 3세가 되셨으므로 백발(白髪)[1]을 올려야 한다는 의중이셨다. 쇼호 2년(正保2, 1646년) 정월 21일, 대전의 두 번째 방에서, 미쓰타카(光高) 공 앞에서 처음으로 머리를 기르는 것을 기념하여 백발을 올리는 의식을 치렀다. 이누치요 님으로부터 야스미쓰(康光)의 작은 칼, 미쓰타카 공(3대 번주)으로부터 황금·고소데(일본옷), 나인들에게 은자, 큰 영애님께서 나인들에게 은자·고소데, 모두 쓰카하라 지자에몬(塚原次左衛門) 및 나인 책임자를 통해 과분하게 배령받았다. 이 때 축하의 시를 올렸다.

머리에 올렸구나 천년의 시작인 서리 낀 소나무　　　나오카타
보이는 것(초록)도 봄에 나부끼는 담죽(붉은 대나무)　미쓰타카공
한가로운 연못의 바위위에 학이 서있네　　　　　　미쓰타카공

이누치요 님이 머리 기르기를 시작하는 의식에 대하여 쇼군 이에미쓰(家光) 공께서 들으시고, 누가 머리를 올려주었느냐고 묻고는 제 이름을 들으셨다. 부부 자손이 번창하고 게다가 오사카성에서의 무훈에 대해서도 들으셨다고, 미쓰타카 공께 직접 말씀을 해주셨다. 쇼군 부인께서는 나인 책임자를 통하여 또한 말씀해주셨다. 이래저래 이 일은 에도 저택 전체 및 가나자와에도 조금 전해졌다.

애통하구나. 같은 해 4월 5일 미쓰타카 공께서 갑자기 승하하시어, 마음을 표현할 길이 없다. 나는 슬픔을 견딜 길이 없어서 그 자리에서 상구(上句)를 정하여 백수(百首)를 혼자 읊었다.

---

1 백발(白髮) : 에도시대 무가 집안에서 세는 나이로 3살이 되면 머리를 길게 늘어뜨리고, 꼬지 않은 하얀 실로 만든 백발을 어린애의 머리에 올려서 건강과 장수를 비는 의식을 말한다.

꽃은 지고 날이 갈수록 탄식만 무성해지구나   나오카타

1주기 때 1천 수를 지어 영전에 바치었다.

꽃은 원수라는 말이 있다 작년의 꿈   나오카타
문상 길의 꽃이여 시간이 지나면 처마 밑의 풀
꽃이 흩날리는 아래에서 훔치는 소매의 이슬
어떻게 하여 어째서라고 우는 4월의 두견새
환상의 전설을 이야기하는구나 뻐꾹새야
그리워 마라 월궁을 항구 사람이여
기울지 않은 그림자여 중추의 달
산자락에 마음을 맞추는구나 아침 달
담설의 거품으로 본 세상의 한이로구나
무사시노의 연기를 받아라 눈 내린 후지

미쓰타카(光高) 공 서거 이후 어린 군주이신 이누치요(犬千代, 4대 번주가 됨) 님께서 세 지방(가가번)의 통치를 위해 가가로 돌아오셨고, 도시쓰네(이누치요의 할아버지, 2대 번주) 경은 갖가지 일을 당신 일처럼 빈틈없이 명하셨다. 저는 예전보다도 더 황송했고 주군의 뜻과 함께 한 그때그때의 증서는 다음과 같다.

재판소봉행(公事場奉行)을 명하셨고 그 후에 가나자와봉행(金澤町奉行)을 맡으라는 주군의 분부가 있었으나 중요한 역할이 겹치어 수행하기 어렵다는 거절 말씀을 상신하였다. 그렇다면 재판소봉행과 다른 일은 사면하도록 하여, 비서실장(小姓頭) 겸 가나자와봉행을 수락하도록 재차 명하시어 지금까지도 함께 맡고 있다. 도시쓰네 경께서는

때때로 저에게 친절한 말씀을 봉서 등으로 간략하게 써주셨다. 게이
안(慶安, 1648~1651) 연간에, 고마쓰(小松) 요시지마(葭嶋)에서 차를 주
셨을 때, 그 자리에서 읊었다.

> 둥근 보름밤이 좋은 요시지마의 잠든 나무숲에 내리는 아침 눈
>
> 나오카타

가나자와로 돌아온 후에 고마쓰(小松)에서 온 서신,

별지의 편지를 보시오. 이번에는 만사 감사하고 아쉬움이 없어 좋
았습니다. 귀하께서 가도(歌道, 와카)에 조예가 있고 렌가(連歌)를 잘
읊으신다는 소문을 들으시고, 주군께서 사콘(左近)과 사몬(左門)에게
말씀하신 취지입니다. 그리하여 급하게 귀하의 필적을 받으러 두 사
람을 보낸 것입니다. 이야말로 큰 공이시고 가도를 주재하는 신의
가호에 어울리는 것입니다. 또한 상구(上句) 첫 4구까지 지어 올리라
는 의중이신 것을 은연중에 알았습니다. 도사(土州) 쪽에 상의하라는
영을 내릴 것이니 추후 연락이 있을 것입니다. 이상.

11월 20일

쓰 겐바(津玄蕃)

구즈 하야토(葛隼人)

와키 구헤(脇九兵)님께

또 한 통

일전에 다카하루(孝治)가 세 번째 구(句)를 말씀하셨다.

가을 소나기 뒤에 깊은 산마을을 방문하여　　　　　다카하루

요시지마(葭嶋)에서

바위마저도 마음이 있구나 눈 내린 정원　　　　　아키노부

一. 이치카와 조자에몬(市川長左衛門)이 차를 하사받았을 때에 매우 기뻐하시던 모습을 와키쿠헤(脇九兵, 脇田九兵衛의 줄임말, 와키타 나오카타)에게 말씀하셨습니다. 뜻밖에도 매우 감동하셨습니다.

一. 와키타 구헤(脇田九兵衛)가 차를 하사받았을 때, 구헤는 렌가(連歌)를 잘 읊습니다. 그 정도로 잘하는 사람은 없습니다. 허나 이번에는 렌가를 짓지 않았던 이유를 시나가와 사몬(品川左門)에게 말씀하신 것을 사콘(左近)이 들려주었습니다. 구헤가 '요시지마(葭嶋)'에서 홋쿠(發句, 렌가를 시작하는 첫 상구)를 분명히 지었습니다. 그러나 스스로 이를 써서 바치지는 않았습니다. 위의 상구(上句)를 사콘이 옮겨 적었는데, 보여드려야겠다고 생각했습니다. 데이카 색지(定家小色紙, 시가를 적는데 사용)에 급히 적어 걸어 놓은 것은 구헤께 보여드리기 위해서였다고 합니다. 이 또한 사콘에게서 들었습니다. 가도(歌道)에도, 모든 신불의 가호 덕분에 그렇게 할 수 있어서 다행이었다고 생각합니다. 유례가 없는 일이기에 여기에 이렇게 알려드립니다. 이상.

　　11월 20일　　　　　　　　　　　　　　　쓰다 겐반(津田玄蕃)

　　　　이마에다 야헤지(今枝弥平次) 님께

조오 원년(承應元年, 1652년) 정월 고마쓰(小松)의 신년회에 참가하라는 분부가 있었을 때,

신년 인사로, 귀하가 이쪽으로 오신다는 것을 들었습니다. 매우 추운 계절이므로 꼭 오실 필요는 없습니다. 이곳에 오신 것과 같다고 생각하고 있을테니 따뜻하게 몸을 보살피고 계시라는 뜻을 주군께서 알려왔습니다. 매우 황송하고 감사합니다. 삼가 아룁니다.

    정월 13일   쓰다 겐반(津田玄蕃)

        와키타 구헤(脇田九兵衛) 님께

내가 병이 들어 요양을 취하고 있을 때,

사료로 쓰는 종달새(雲雀) 15마리를 두 사람에게 보내드립니다. 나이 들면 병은 있는 법이고, 종달새를 보시면 나아지실 것이므로 상태가 좋아지시면 조만간에 종달새를 더 보내겠다는 말씀, 헤아려 받아주시고 심기가 좋아지시면 저에게 몸 상태에 대해 말씀해 주셨으면 하는 것이 주군의 뜻입니다. 실로 황공하고 감사한 일입니다. 삼가 아룁니다.

    6월 15일   다케다 이치사부로(竹田市三郎)

        와키타 구헤 님께

        구로사카 기치사에몬(黑坂吉左衛門殿) 님께

두 분의 비찰(飛札)을 잘 받아보았습니다. 일전에 보내드린 종달새를 보시고는 지병이 나아진 것 같다고 하시니 너무 기분이 좋습니다. 종달새는 상황에 딱 맞추어 보내주시었다며 거듭거듭 감사의 예를 표해주셨습니다. 실로 황공스런 마음이십니다. 거듭 답례의 편지를 보내시지 않아도 된다고 주군께서 편지를 보내오셨습니다. 명심해야 하는 바는 몸이 근무할 수 있도록 회복되어야 한다는 것입니다. 그 마음은 지당합니다. 엣추(越中) 지방에 종달새와 매를 많이 보내셨습니다. 그 때는 얼마나 감사의 편지를 보내주셨는데, 이는 당연한 일입니다. 그러나 이번에는 전혀 보내실 필요가 없습니다. 좀처럼 주군의 마음을 편지에 다 담을 수 없습니다. 실로 신불의 가호에 어울리는 일입니다. 삼가 아룁니다.

　　6월 19일 　　　　　　　　　　　　　　　　다케다 이치사부로
　　　　　와키타 구헤 님께
　　　　　구로사카 기치사에몬(黑坂吉左衛門) 님께

메이레키(明曆, 1655~1658) 연간에

지난 번에는 공무 건으로 성의를 다해 고마쓰(小松, 주군 은거지)까지 왕래를 하시느라 고생하셨습니다. 나이가 들면 집 안의 장식품처럼 있게 됩니다. 항상 건강을 조심하고 무병무탈해야 한다는, 주군의 따뜻한 마음입니다. 점점 추워지고 있어 걱정된다고 말씀하시며 고소데(小袖) 한 벌을 보내도록 하셨습니다. 당연히 받으시기 바랍니다. 답례로 이곳에 오셔서 인사를 하실 필요는 없다고 반드시 전달하도록 말씀하셨으니, 그 뜻을 받아들이시기 바랍니다. 삼가 아룁니다.

　　9월 7일 　　　　　　　　　　　　　　　　　　쓰다 겐반
　　　　　와카타 구헤 님께

메이레키 3년(明曆3, 1657년) 말에 에도 천수대(江戶天守臺) 공사를 쓰나노리(綱利, 4대 번주) 공에게 부탁한다는 쇼군의 뜻을 받들어, 이 수년 동안 도시쓰네(利常, 2대 번주) 경의 마음쓰심은 황공하게도 얕지 않았습니다. 쓰나노리 공 때에 공사가 시작되었기에 저는 부역할 의무가 없지만 봉공을 청하고자 합니다. 남은 목숨이 얼마나 되는지도 알지 못하지만 이번 봉공이 마지막이 될 거라는 생각이 들어, 관리(役人)들에게 말씀해 주시기를 바랐는데, 이를 가상히 여겨 상신하겠다는 취지, 도시쓰네 경의 뜻, 이마에다 민부의 내찰(內狀).

더욱이 저의 이러한 호소를 일이 잘 되도록 처리해주셔서 저는 매우 기쁠 따름입니다. 이 일로 심중에 남는 것이 없으므로 마음이 편합니다. 이상.

지난 달 21일 문서 및 편지 3통, 지난 11일에 숙직을 마치고 미즈하라 기요자에몬(水原淸左衛門)이 보내온 편지를 보았습니다.

내년 쇼군의 천수대(天守臺) 공사를 가가(加賀)번주께 분부하였을 때, 귀하는 의무가 없음에도 이번 번주 때의 첫 부역이고, 게다가 노후라 오랫동안 봉공에 대한 바람도 없었는데, 이번에 집안 전체가 공사 부역을 하게 되었습니다. 또 이곳에 와서 주군 저택의 당번 근무를 하게 된 점을 편지를 통해 자세히 알게 되었습니다. 일단 당연히 그러하다고 생각합니다. 따라서 내일 아침에 편지 내용대로 시나가와 사몬(品川左門)에게 이야기를 하고 편지를 건네 두었습니다.

오늘 저녁은 잘 지내고 편지가 와서 살펴보니 가상히 여겨 상신하겠다는 것은 당연하다고 생각합니다. 바라시는 건에 대해서는 반사람 못 정도의 부역을 하시라는 분부가 있었습니다.

귀하가 원하는 바는 그 뜻이 깊어 공훈이라 할 것입니다. 관리로서 마음가짐은 이래야 할 것입니다.

귀하를 좇아서 영지의 세 사람이나 신청을 했습니다. 그곳으로 불리워질 일은 없을 것입니다. 이삼일 중에 기요자에몬(淸左衛門)이 돌아갈 것입니다. 그때에 자세한 사항을 전달할 것입니다. 이상의 내용에 대해 불편해하지 말라고 하루라도 빨리 기치사에몬(吉左衛門)에게 말하고 싶어, 적절한 지는 모르지만 이 편지를 작성하여 두었습니다. 헤이조(平丞, 김여철의 장남) 님에게도 납득이 가도록 잘 부탁드립니다.

귀하보다 앞서서 가나자와(金澤)의 부대장 중의 한 명이 내년 부역을 원한다는 글귀를 듣고 시나가와 사몬(品川左門)에게 와서 말하여, 즉시 주군의 귀에 들어갔습니다. 두 번째입니다만, 너무나 갑작스럽게 그러한 이야기를 듣고 아뢰는 것이라고는 생각하지 못하신 것 같습니다. 이 이야기에 신경을 쓰실 일은 없습니다.

서장의 내용대로 사몬(左門)에게 편지를 들려보내 말씀드렸으니, 마음 편히 계십시오. 서면상으로도 무탈한 것 같고 신상에 변함없는 것 같아 축하드립니다. 공사 준비로 이것저것 계속 일이 몰려서 어려움을 겪고 있습니다.

날씨가 매우 추워졌습니다만 주나곤(中納言, 2대 번주) 님께서는 지병에 차도가 있어 통증도 없으시고 식사도 거르는 일 없이 드시고 있다고 하니 마음이 놓입니다. 가가(加賀, 4대 번주) 님께서는 건강이 좋으시고 매우 인자하시어 정성을 다해 손님을 맞이하고, 저는 공무가 점점 늘어나서 홀로 고생하고 있습니다. 이 편지도 닭이 울 때쯤

겨우 적었습니다. 자세한 내용은 다음에 바로 말씀드리겠습니다. 삼가 아룁니다.

    11월 13일   이마에다 민부(今枝民部)
        와키타 구혜(脇田九兵衛) 님께

시나가와 사몬(品川左門, 3천 석의 가신)의 편지

기쁜 새해를, 축하드리옵니다. 여기는 별일이 없고, 두 분 주군께서도 건강이 좋으십니다. 지난달 4일자 서장의 분부를 보았습니다. 당시 부역을 바라셨던 건에 대해서는 민부(民部) 님께서 자세하게 말씀드린 대로 주군의 귀에 들어가 반 몫 정도의 부역을 하라는 분부를 받잡고, 황송하게 생각하신다니 당연한 일입니다. 주군의 따뜻한 마음은 진중(珍重)한 것입니다. 깊은 배려를 받아 오히려 마음이 아플 정도입니다. 이곳은 별일 없습니다. 귀하께서 강건하시다니 축하드립니다. 더욱 매사에 기쁨이 가득하시길 바랍니다. 삼가 아룁니다.

    정월 3일   시나가와 사몬
        와키타 구혜 님께

도시쓰네(利常) 경, 만지 원년(万治元年, 1658년) 1월 12일 새벽에 갑자기 돌아가셨다. 어찌할 도리가 없는 일이다. 전에 도시쓰네 경께서 귀하도 나이가 들었구나 하셔서, 은거(隱居)를 말씀드렸는데 그 보람도 없이 허무하구나. 어린 주군은 16세, 나는 75살, 남은 목숨이 이슬처럼 사라지는 것을 기다릴 뿐.

  가나자와(金澤)의 보원사(寶円寺)에서 비묘인(微妙院, 도시쓰네의 사후

법명) 님을 위한 작선(作善)을 행하였다. 나는 비탄스러운 마음으로
백구(百句)를 읊어 비석에 새겨 봉납했다.

소매를 보라, 속세는 북쪽에 잠시 내리는 비와 같도다

直堅(나오카타 의미)

12월 10일 유골이 고야산(高野山)으로 운구되는 것을 보내며,

귀산(歸山)은 어떠한가 끝내는 눈 쌓인 길   直堅

비통함에 눈물이 그치질 않는다.

만지 2년(万治2年, 1659년) 봄에, 비묘인(微妙院) 님의 유물, 금은과 도
구들은 고마쓰(小松, 도시쓰네의 은거지)의 진지대장(人持物頭, 최상위 가
신단 대장), 그 외에 근시(近習), 여러 봉행(奉行)들이 각각 그 신분고하
에 어울리게 배령하였다. 가나자와에서는 주군 가족, 로주(老中, 번
정치를 책임지는 가신)도 금은과 주군이 쓰던 도구들을 배령하였다. 비
서실장(小將頭), 호위기마대장(馬廻組頭)에게는 금화 다섯 냥이 하사
되어, 나도 또한 배령하였다. 철포대장(鐵砲組頭)을 비롯해 각 부대
장(物頭)에게는 금화 세 냥이나 두 냥이 하사되었다.
　이상은 쓰나노리(綱利) 공이 명령하신 건.

같은 해 7월 3일 오쿠무라 이나바(奧村因幡, 번의 가신), 쓰다 겐바(津田
玄蕃, 번의 가신) 두 분께서 말씀하시길, "귀하가 오래토록 봉공해왔고
나이도 들었으니 은거하여 안락하게 지내고자 한다."는 요청을 주군

께서 거두어주셨다고 한다. 황공하게도 장자인 헤이조(平丞)에게 천
석을 계승하게 하고 은거비용으로 3백 석을 하사해주셨다. 이로서
오래토록 바라던 바가 이루어진 것이니 더할 나위 없이 기쁘다. 바로
출가하여, 이름만은 옛날로 돌아가서 여철(如鐵)이라 하고, 얼마 안
남은 은거생활을 하면서 생명의 장작이 다 타기를 기다린다.

나는 원래 가업이 글을 쓰는 것이었지만 스스로 일본풍을 배워 가
도(歌道)에 열중하였다.

『겐지 이야기』(源氏物語, 일본 최고의 고전)의 전수에 관한 일.

잇카도 조아(一華堂乘阿)[2], 조켄(如見, 山田如元)

후루타 오리베(古田織部), 오리베 공은 니시산조 산코인(西三條三光
院)님[3]의『겐지 이야기』에 대해 관심이 많았다. 그리하여 조켄
과 잇카도가 전수한 취향을 강석하라는 요망에 따라 자주 읽어
보다보니, 니시산죠님의 기록 및 구결(口決)은 모두가 조켄에
게 한 말이었다.

호슌인(芳春院, 마에다 도시이에 정실)님

나오카타(直賢) 와키타 구헤(脇田九兵衛)

조켄거사(如見居士)는 사쓰마(薩摩, 가고시마현) 사람으로 가도(歌道)
한 길에 대한 그 뜻이 깊어, 처소를 정하지 않고 여러 지방을 유랑하

---

2 잇카도 조아(一華堂乘阿, 1540~1610) : 에도 전기의 가인, 승려, 학자.

3 정식 이름은 산조니시 사네키(三條西實枝, 1511~1579) : 일본 전국시대부터 아즈치
모모야마시대의 귀족, 가인, 고전학자. 집안에 전해온『겐지이야기』를 학문적으로
집대성한『山下水』를 집필하였다.

며 곳곳에서 사람들과 맺은 정이 얕지 않았다. 마음가는 대로 풍류에 뜻을 두니, 욕심이 없는 그에게 감탄하였다. 어느 해에 호슌인님이 에도에서 가슈(加州, 가가번)로 오셨을 때, 조켄에게 함께 가기를 권하여 왔는데, 가에쓰(加越, 가가 지방)의 렌가시(連歌師, 렌가를 읊는 자) 중에는 조켄을 따르는 자가 많았다. 그렇다고는 하지만 기리가미(切紙) 전수는 나 혼자만이 받은 것으로 알고 있다. 그 후에 도시쓰네(利常) 경의 부인인 덴토쿠인(天德院) 님에게서 봉록을 받는 번의 나인으로, 호를 이와사키(岩崎)라고 하는 다케(竹)가『겐지 이야기』를 전하는 제자가 되어 가나자와에서 수년간 체류하였다.

『고금와카집(古今和歌集)』전수(傳授)에 대해서.

　　　　소진[宗訊, 사카이(堺)의 상인 가와치야(河內屋)] 소류[宗柳, 시마다야(嶋田屋)] 쓰네노부[常信, 다이코쿠 코레쓰네(大黑是常)] 이시노 이즈미[石野和泉, 단 고금와카집을 전수하지 않고 소진(宗訊)이 상자로 전했다] 호슌인(芳春院) 님 상동

　모란꽃(쇼하쿠의 호)

　　　　자이베 신존[財部眞存, 사쓰마인], 무기우타 도테쓰(麥生田道徹)

　　　　자이베 이칸(財部以貫) 자이베 소사(財部宗佐) 조켄(如見)

　　　　호슌인(芳春院) 나오카타[直賢, 와키타 구헤(脇田九兵衛)]

　　　　　　　　　　　　　야마다 진에몬(山田仁右衛門)

　　　　　　　　　　이마에다 민부 나오토모(今技民部直友)

　　　　　　　오쿠무라 이나바 가즈토요(奧村因幡和豊)

와카집(和歌集) 전수(傳授)에 대한 소진(宗訊)의 기록.

호슌인 님께 이시노 이즈미(石野和泉)가 진상했다. 조켄(如見)이 전수한 것은 원래 소진(宗訊)·신존(眞存)의 흐름을 따른 것으로 호슌인(芳春院) 님께서 이를 듣고 알기를 희망하셨기에 읽어드렸다. 그 내용은 마치 소진이 기록한 것을 잘라 붙인 것과 같았다. 물론 이미 그에 대한 교양이 얕지 않았다. 조켄의 적손(嫡孫)인 야마다 진에몬(山田仁右衛門)이란 젊은이가 나니와(難波)풍의 와카(和歌)를 읊을 줄 아니, 이를 내게 맡기셔서 그가 성장하면 전수할 수 있도록 하기 위해 유언함을 열 때, 나오토모(直友)도 이에 관심이 많아 함께 들었다. 소진(宗訊)·신존(眞存)이 들은 바를 기록한 것은 모두 쓰나노리(綱利) 공의 문고에 있다. 쇼하쿠(肖柏)의 적통임을 의심할 여지가 없었다. 신존(眞存)법사는 가인이다. 몽암(夢庵, 소하쿠의 호)에게 원하여 읊은 첫 구는,

휘파람새도 매화 향을 아쉬워 날개짓하는 바람이구나 쇼하쿠(肖柏)

전해들은 대로 기록한다.

위와 같이 조켄(如見)법사는 젊은 시절부터 처소를 정하지 않고 유랑하다가 교토로 가고, 그 후 에도에 이르러서 고토 사부로(後藤三郎) 댁에서 머물렀다. 75세에 돌아가셨고, 나는 이를 애도했다.

날아가는 반딧불, 소리는 들리지 않고 어디로 가는가   나오카타

내가 젊은 시절부터 봉공한 것을 이제와 세어보니, 즈이류인(瑞龍院, 초대 번주 마에다 도시나가의 법명) 님 때부터 분부를 받아 가가(加賀) 세 지방에 심부름을 하였고, 분부하신 바는 나와 오하시 사나이(大橋左內)에게 보내주신 편지 곳곳에 적혀있다. 비묘인(微妙院, 2대 번주 마에다 도시쓰네의 법명) 님 때에, 대대로 재무봉행 겸 가나자와성 외곽 봉행인 나와 출납담당 봉행인 아오키 스케조(青木助丞) 두 사람이 오사카성 밖 전투에서 세운 공을 조사한 뒤, 전령과 철포대에서 쓸 조총 15정용의 돈은 이전처럼 주군의 경비로 했다. 그 후 에도성의 공사 부역을 자원하였고, 재무담당 봉행은 진상하여 사면되었다.

가가 세 지방에 파견할 관리를 직접 조사하실 때, 분부가 있었다. 신카와(新川) 회계 담당과 마에다(前田) 형벌 담당, 두 사람은 앞의 조사를 모두 마치고, 세 지방의 회계봉행인 오쿠무라 겐자에몬(奥村源左衛門)과 미야기 우네메(宮木釆女), 아오키 스케조, 나 4명을 부르시어 번의 사무라이들의 빚 변제를 조사하게 하셨다. 조사 후 계산을 마치고 나서 쓰다 겐에몬(津田源衛右門), 기쿠치 다이가쿠(菊池大學), 아오야마 오리베(青山織部), 모리 곤다유(森權太夫), 나카무라 소에몬(中村惣右衛門)을 봉행으로 삼으셨다.

재판소는 구즈마키 하야토(葛卷隼人), 오쿠무라 겐자에몬, 기쿠치 다이카쿠와 나 4명. 요코인(陽廣院, 3대 번주 마에다 미쓰타카의 법명) 님 때에는 비서실장(小性頭)인 쓰다 겐에몬(津田源衛右門), 마쓰다이라 우네메(松平釆女)가 보직을 사양하여 제외하시고, 나카무라 소에몬과 나 두 명, 모리 곤다유와 기타가와 구헤(北川久兵衛) 두 명에게 함께 할 것을 명하셨다. 비묘인(微妙院) 님으로부터 가나자와봉행(金澤町奉行)

으로 도미나가 가게유자에몬(富永勘解由左衛門)과 나를 임명하셨을 때, 재판소봉행은 사양 말씀을 올려 면제받고 이전처럼 비서실장역은 계속하였다. 이 외의 작은 소임은 여기에 모두 적을 수가 없다. 봉행 때 받은 물건은 대관(代宙)이나 진지(人持, 가가번 최상급 가신)에 미치지 못한다. 오히려 각 부대장이나 대부분의 진지(人持)에게서 칭찬을 받았음을 숨기지 않겠다. 부귀는 천명(天命)이다.

 내 자자손손 대대로, 어떠한 내력의 집안인 줄 모르는 이 세상에, 만약 이 글이 남는다면 명심하길 바란다. 아아, 황송하도다.
　　　만지 3년(万治3年, 1660년) 정월 길일 와키타 구헤 나오카타(脇田
　　　　　　　　　　　九兵衛直賀賢入道) 여철(如鐵) 도장
　　　와키타 헤이조(脇田平丞, 장남)
　　　와키타 고헤이(脇田小平, 3남)

4. 원본 『如鐵家傳記』

◇ 원본은 가나자와시립도서관 「가에쓰노(可越能)문고」에 소장되어 있는 『如鐵家傳記』(外題)이다. 이 외에도 4종류의 사본이 존재하는데, 내용상의 차이는 거의 없고 부분적으로 표기상의 차이가 보일 뿐이다. 1990년 가나자와대학 교수들의 연구성과보고서로 간행된 鶴園裕 『日本近世初期における渡來朝鮮人の研究-加賀藩を中心に-』에 『如鐵家傳記』 전문이 실려 있는 것을 한국 독자의 편의를 고려하면서 옮긴 것이다.

◇ 17세기에 기록한 난해한 고문이지만, 일본어 독해 능력을 지닌 독자라면 원본의 세계에 접근할 수 있도록 가능한한 현대 한자 표기로 바꾸었다.

◇ 원문은 세로쓰기인데 모두 가로쓰기로 바꾸었다. 따라서 예를 들어 '右文'은 '윗 문장'을 의미한다.

◇ 또한 원문에는 일본식으로 한문을 읽기 위한 순서를 나타내는 기호인 가에리텐(返り點)이 붙어있었지만, 가로쓰기에서는 가에리텐 등을 표기할 수 없으므로 이를 생략하고 일본에서 한문을 읽는 순서대로 단어를 재배열하였다. 가에리텐이 없는 곳은 원문대로 실었다.

◇ 주로 뒤에 나오는 주군 등에 대한 경외를 나타내는 의미로 원문 안에 띄어 쓴 곳은 그대로 따랐다.

◇ 작은 활자는 한문투 원문에 있는 그대로이며, 이는 앞 단어에

대한 부연 설명, 조사, 혹은 본인의 겸양 등을 나타낸다.

◇ 그 외 가나 표기가 통일되어 있지 않은 곳도 있지만 원문 그대로
따랐다.

◇ □는 해독 불가능한 글자이다.

〈家傳〉

生國朝鮮帝都。父金氏、字時省、翰林學士。母性名失念ス。子名如鐵
卜號ス。國風依幼ヨリ文章ヲ學フカユエニ記得之。

文禄元年壬辰、關白秀吉公朝鮮ヲ襲ンカ爲、肥前名護屋迄御出馬。 中
國四國之諸大名ヲ引率シテ備前中納言于時宰相秀家卿大將軍爲釜山
浦迄渡海。 朝鮮ヨリモ要害ヲ構ヘ所々於之防雖、數百年ニナラハサル故、
所々討敗被、帝都モ敗北ス。于時時省父子戰死ス。子七歲ノ時也。秀
家卿之手ニ擒。

同年秀吉公名護屋ニ御越年、渡海ノ諸軍勢モ然也。 子同年暮、備州
岡山迄來ル。 秀家卿ノ室、孤ヲ憐給テ御母公ヘ芳春院殿卜號贈從一位利家
卿于時宰相ノ室ナリ 翌年迠被。于時子八歲也。御母公、且亦御慈悲ノア
マリニ御嫡子中納言利長卿于時侍從迠遣被芳春院殿御母子兩君ノ育
ヲ以テ成長。

利長卿、越中富山江御隱居之刻モ彼地ヘ被召連。 若輩之處、恩賞ノ
地百石拝領、其後百三拾石御加增、近習御奉公申上ル。 加越能三國
ノ大小身農工商ニ至ル迄、大半子諸事之取次ヲ仰付被。 然所ニ妻子
帶不依、脇田氏帶刀先生重之カ姪ニ嫁シ、姓ヲ脇田ニ改メ、弥々御

前近習盛ナルニ因テ、讒者爲一箇年之内閉居ス。此事ナカリセハ重疊御
恩賞預可處、不幸々々。 翌年芳春院御口入以、科無通聞召届被、近
習元如。

利長卿、數年腫物御煩、頻ニ御氣力減ス。慶長十九年五月廿日御逝
去。三箇國之上下、惜奉。予悲ノアマリに、

　　四方はみな袖乃あまりの五月哉

利長卿御在世之時、各御遺物過分ニ被下。予竝之御小姓、黄金一枚
宛拝領ストイヘトモ、別而三枚拝領、御嫡君利常卿ヘ前々ノ如ク昵
近御奉公可仕旨被仰出、銀二拾枚拝領仕。 故殿ニヲクレ奉リ便ナカ
リシヲ、當君御惠不淺。

同年大坂秀頼公、御謀反之沙汰内々有之處、已ニ露顯、兩御所樣關
東ヨリ御出馬。利常卿北國ヲ引率シ御手勢三万余騎ニテ金澤十月御立、
大津於兩御所樣江御目見也。其時高岡ヨリ相越侍共何茂猶預イタシ、大
津迄御供仕者四人 北川久兵衛 高田傳右衞門 野村角丞 某 早速取合神妙ニ被
思召之旨、 御意ニテ右面々金銀拝領、時ノ面目也。

御陳所嵯峨釋迦堂也。諸勢休息シテ大坂エ押寄、數日相挑卜云ヘトモ、名城
タルニヨリ無理攻叶難御曖ニ成、翌年ノ春兩御所樣諸國共ニ御帰陳。
右御アツカイハ一旦互ノ御謀ヤラン。又大坂表蜂起ニ付、兩御所樣御
出馬。諸國如元。京都少御逗留ニテ五月五日ニ御押寄。六日ニ大坂ヨ
リモ勢ヲ出シ、寄手ノ先手掛合セ、所々ニヲイテ迫合、大坂勢不叶
シテ引取。七日惣寄セ、大御所樣天王寺口、將軍秀忠公玉造口、此御
先手利常卿也。敵茶臼山迄取出、矢合初リテ互ニ闘戰ス。先手岡山
所々ニテ鎗鑓ヲ合セ敵城中ヘ取入。

旗本御崩シ惣掛リニ成テ玉造口惣構モカカユル事ナラス。　敵二之丸
迄引退、惣構ハ敗ル。諸勢ハ眞田丸江乘入、某・葛卷隼人・原與三右
衛門・河合數馬四人、玉造ノ埋門ヨリ乘入處二、左手ノ四辻二味方
多勢タマリ居申候間、其場江乘入、向ヲ見渡候ヘハ、味方一町モ先
二六七騎モ指物見付ルヤ否馳加。向ノクツレ土居二白ハレンサシタル
足輕ノ者百余モ鐵砲打出ス。待カケタル敵モ突テ出ル。味方モ同シ。
敵大勢ニヨツテ味方突退ラル。其時矢野所左衛門討死ス。是ヨリ前二
追合有之由。

味方突退ラレ其場ヲ見申候得ハ、跡先二三町カ間、敵味方一人モ見
不敗北ス。町筋二某・古屋所左衛門兩人詞ヲカワシ殘ル。于時葛卷隼
人馳加リ左ノ方二有。　黑ホロ金ノ切團ノダシ也。　其次二梶川弥左衛
門、地白ノ羽織小姓組番指物シナイ。其內二味方少々馳加ル。敵味方
散々二鎗ヲ合、脇田帶刀・江守角左衛門モ馳加ツテ敵ヲ突クツス。　玉
造口同二ノ丸黑門當手ヨリ敗ル。　後日大坂表武功御穿鑿ノ時、松平
伯耆申ハ、九兵衛手前古屋卜兩人、ヲクレ口二殘タル規模、竝ヲ超
タル儀卜申處二、山崎閑齋尤卜諾ス。　然處、加增惣竝之事、其方遺
恨二可存候由申被。尤我等猶以其慣淺不由申候ヘハ、一度存分二可
達由、慍二伯耆申之處、病氣不本復死去。我等遺恨不淺次第也。

御穿鑿之場ニテ我等申ハ、葛卷卜玉造惣構ヨリ同事二乘込、某ハ二
度目之鎗ヨリ三度目卜モニ手二合候。葛卷ハ三度目二加リ候。然レハ
我等規模卜存候卜申候得ハ、閑齋曰、兩人卜モ二鑓場迄馬ニテ參候
ヤト。　不審尤、四辻迄兩人ナカラ馬ニテ參候由答フ。　其後閑齋其外
之面々モ兎角之言句無。

水野內匠死去ノ刻迄、毎度參會之節、其方最前ノ働竝ヲ超タル處如何ノ義ニテ、御加增其シルシ之無哉ト申。

一。　右鎗ノ御吟味、何某ト云モノノ口上ヲ以、相究被子細ハ、何カシ初度ノ鎗ヨリ其場ノ手ニ合候間、三度ノ内初度ノ鎗一廉規模有之ト存、三度目之鎗御吟味ノ時、葛卷申候ハ、古屋所左衛門ハ隼人ヨリ一足先歟、さて何某ト葛卷トハトタント參候ト申時ニ、何カシカ日、葛卷左樣ニハ申候ヘトモ、我等ハ一足跡ノ由申ニ付テ惣樣サテモ有樣ノ申分、御前ニモ神妙ニ召之思被由也。　然所ニ極ル御加增ニ至テ、右之次第甲乙ニ下被ニ依テ、何某後悔ニ存、後ノ御吟味ノ時僞ヲ申、初ノ正直無ニナリ申候。三度目ノ追合ノ場ノ樣子ヲ以テ、勝劣御穿鑿令決定故也。

大樹秀忠公御他界之時、大坂戰功御吟味再興之時、先年之御吟味某殘リ申事露顯シ、竝ヲ越、四百三拾石ノ本知之上ニ、五百七拾石御加增、引合千石ノ御一行頂戴、御鐵砲御預御使番ニ被仰付、比類無規模數年之鬱憤遂、家ノ面目何事カ之如。剩嫡男平丞三百石、次男三郎四郎利常卿近習ノ奉公、一廉可有御取立處、早世、不便殘念ノ至リ也　弐百弐拾石、三男小平弐百石、度々ニ召出被、御知行拜領仕候。

一。後ノ御吟味之時、某申候ハ、先年ノ御穿鑿鎗之次第、古屋所左衛門一、葛卷隼人二、梶川弥左衛門三、如此御加增被下候。昔ヨリ承及候ハ諸人ニ一足踏出シ、一番鎗トハ申候。盃ノ召出シノ樣ニ三人突出ル迄殘ノ者猶預可仕候哉。　此段先年ヨリ遺恨ニ存トイヘトモ某若輩ト申、高岡ヨリ罷越新參同前ユヘ松平伯耆ヲ以テ可立御耳ト存處、伯耆死去故、無是非數年ヲ送候處、此度之御吟味ニ達御耳事添通、近

習篠原宗榮ヲ以テ申上ル。尤神妙々々、左樣ニ可有之ト被成御意候。
伴八矢岡山ニテ鑓ヲ合、其後又町口鑓場ヘ加、其時某殘居申候ヲ八
矢慥ニ見申候由、二度目ノ御吟味ノ時申上ル。此方ヨリ證據ニ引不申
候處ニ、八矢是如申候ニ付而、利常卿弥被聞召届、御加增惣竝ヲ越
如件。
利常卿小松御隱居ノ時、某小松ヘ可被召連人數之處ニ、 光高公某被召
仕度通被仰上候ヘトモ、一二往ニテ御許諾之無。然ラハ進被可候。大坂
表之事ナト被仰立、面目ラシキ御意ノ由、 光高公御直ニ被仰聞候。
一。寬永廿年五月、御小姓頭ニ被仰付、神尾主殿助江戸ヨリ 光高公
御書持參、前田出雲守ト兩人被申渡、御意之趣ソレカシ・中村惣右
衛門、御小姓頭に被仰候間、常々御奉公ニ不限、御心持有之御意之
趣、主殿口上ニ被申渡、料分弍百石拜領申候。

小姓頭之內、津田源右衛門・松平釆女就病者數年仕斷指除候。
此度兩人儀小 姓頭申付候。連々思寄事ニ候間、可得其意候。委
曲神尾主殿助可申候。かしく。
　五月十九日
　　　　　筑前光高 御判
　　　　　　　　　　脇田九兵衛殿
　　　　　　　　　　中村惣右衛門殿

右御書頂戴仕トイヘトモ、子存ル通有之ニ付而、今枝民部方マテ
以書付申上。

覺

一。私儀、此跡 中納言樣御近習之御奉公被 仰付候處、眼かすミ其
上筋氣痛不行步ニ付、西尾隼人取次、誓紙を以御理申上、被成御赦
免、御役人ニ罷成候。 其後御算用場被 仰付候へ共、御國ニ而之御奉
公故、唯今迄相勤申候。

一。古肥前樣以來、御近習之御奉公仕來、且而公儀向不存候。今ほ
とまして御旗本衆一人茂存不申候へハ、年罷寄眼かすミ候てハ、若役
之御奉公公界向難勤、其段別而迷惑奉存候。

一。少將樣江終ニ御奉公不申上候處、跡々忝仕合難有奉存候。 私叶
申御奉公ハ如何樣ニ茂申上度覺悟御座候。併寬永八年大坂表之義 中
納言樣重而御吟味之刻、最前私竝結句上めの御加增被下者ニ茂越、
過分之御加增拜領仕、物頭被仰付、外聞實儀忝冥加至極、難有奉
存へ共、眼かすミ筋氣御座候故、御近習御奉公御斷申上、御役人ニ
罷成申候。唯今早速御請申上候儀、連々たまり申候樣ニ 中納言樣思
召之處も難斗、迷惑ニ奉存候。其上御代々諸侍、年頭之御禮等をも、
人持之次ニ御鐵砲頭申上、其上いつれの組長より御鐵砲頭ハ自然之
時も御先手江加リ申候ニ付而、諸[侍望申處規模之御役ニ御座候而、
諸]事おとなしく御代々成來候。ヶ樣之儀心中乍存、忝と迄申上所存、
表裏御座候へハ、結句御うしろくらき儀と奉存候間、乍恐如此ニ候。
尤 御歸城待付可申上儀ニ御座候得共、私老後露命難斗、余之儀替候
條、先貴殿迄申入候。右之趣表向より被立 御耳儀者、御訴訟かまし
く候間、御內々を以、御前可然樣奉賴候。以上。

　　　　　六月六日　　　　　　　　　　　　　　　脇田九兵衛

今枝民部殿

民部返書

　猶以御內狀幷御書付之儀、此度かなめ二候間、御次而二御披見二可
入由、被仰越候。　一世之御申分、今ならてハ懸御目申ましきと御
認御はしかに二候。御小姓頭之事、人持中にも其器用多無之なとと
随分被思召寄候處、此度御書付さたの外二存候得共、事之外之御
存分、我等かかえも又御つりも請可申かと千万不可然候へ共、入
御披見申候。御書付入御披見、被思召相違、御きもつふしの體二相見
江申候。以上。

今度、伊藤宇右衛門御知行被仰付、爲御禮參上、御便狀到來。具令
拜見候。

一。今度、貴殿御小姓頭被仰付御行當之由、御外聞珍重二候へ共、如仰
御年被寄、御近習御役御迷惑たるへきと可茂御噂申御事候へき。　一
度中納言樣御赦免被成、御國之御用被仰付候處二、御眼かすみ御筋
氣、彼是公界向御奉公難成、第一中納言樣江御奉公御斷御申上、
安々と御請も御前如何可被思召候哉。右より御たまりに成候而一入御
迷惑之由、此段御尤に候。連々乍存其段申上候事不成物と御推量之由、併
貴殿被思召とハ　御前御意之通、格別の事候故、弥とかく愚意二不及候。

一。玉井藤左衛門・山森吉兵衛、御馬廻組頭被仰付、貴殿御小姓頭、
結句兩人より劣申由、御書中に候。御前二被思召候とハ、天地相違之
所、不及是非候。　中納言樣六年以前に御隱居被遊候節より、御小姓頭
之儀、津田源右衛門病者に罷成候。　松平采女儀ハ伯耆守孫故、被仰

付候へ共、其器量無之、誰ニ而茂御指替有度との 御父子様御內談度々
と相聞申候。御家中大勢之御人持ニ候へ共、其仁無之、御延引被成候。
御馬廻組頭ニ被仰付候衆なとニハ、中々可被仰付體ニ而無之と相聞へ
候。御小姓頭始而被仰付候ハ丹羽織部ニ而茂、大正寺ニて手ニ合、大坂
岡山ニ而其分御加增被下候。其以後安彦左馬、葛卷隼人、杉江兵助、
津田源右衛門、何も歷々ニて候。御加增もそれそれニ被仰付候。近年
中納言様御代ニ、ヶ様之仁御馬廻組頭ニハ不被仰付候歟と存候。併貴
殿思召より色々被仰立候上ハ、御別紙御狀幷御書付其まま可到披露
と存候へ共、此分ニ而ハ相手も出來、又第一御前向不可然歟と存候
故、御同名小平殿・中村六之丞を我等所江呼、一談合いたし、御氣ニ
入候間敷候へ共、御書付引直、大形御存分之體ニ認直、其よりの筆
跡ニ小平殿へ能被似[候故、調させ]一昨日 御前江上申、以之外思召ニ
相違仕合ニ候。中納言様も此役儀被仰付候ハハ、忝仕合ニ可存之由、
御意ニ候。 筑前様も過分之規模と思召寄外聞旁被仰付候處ニ、其身左
様ニ存候へハ、諸事不祥ニ可存候。自然之御用ニ茂組中裁許難成事ニ候
間、御指替可被成と被 思召候旨、御內意ニ而以之外御氣ニ不入候。
一。御父子様連々被思召候者、御代々御小姓中御用ニ立候者、數多有之
候。自然之時、難所江者御自身御手向可被成候。其時分第一御小姓
を以、御勝利たるへく候。其頭たるへきもの入多內ニ茂誰ニ而可有之歟
と數年御父子様御吟味と相聞申候。然所ニ、御馬廻組頭より劣候との御
存分、我等共初合點不參候。 定而御思案たるへきとハ存候得共、天地相
違之事ニ候。
一。御眼かすみ御年被寄、江戸邊御供等難成、第一先年 中納言様江

御断之筋目相違之御断迄ハ尤候。然共、余り其分ニ被仰立候ヘハ御奉
公人作法も如何可有之哉と、此段も難斗、少御存分之通を茂書可申
候へき。認替候下記、小平殿より可被進之由ニ候間、可被遂御被見候。
右御書付をハ拙子ニ御預置ニ候。具ニ小平殿より可被申入候。恐惶謹言。

　　　六月十九日　　　　　　　　　　　　　　　今枝民部直恒

　　　　　脇田九兵衛様　御報

　達而可及御断より且ハ恐多により、御小將頭御請申上。
同年九月、江戸江被召寄、翌年　犬千代様御三歳ニ被爲成候間、御白
髪可上之旨、御內意ニテ、正保二年正月廿一日、御守殿二之間　光
高公御前ニテ御髪置御シラカ上ル。　犬千代様ヨリ康光御脇指、光高
公ヨリ黄金・御小袖、女共方江銀子、大姫君様ヨリ女共方江銀子・御
小袖、何茂塚原次左衛門幷御局ヲ以、過分ニ拝領仕。
于時御悅儀上句ヲ奉ル。

　　　　　いたたくや千年始乃霜の松　　　　　　　　　　直賢

　　　　　見とりも春になひく呉竹　　　　　　　　光高公

　　　　　長閑なる池乃岩ほに鶴の居て　　　　　　光高公

犬千代様御髪置之儀式　大樹家康公達　上聞、何者上候哉ト御尋ニ依
テ、某名被聞召上、夫婦子孫繁昌ノ者、其上大坂表ノ武功モ被聞召
上旨　光高公御直ニ被仰聞候。奥方ヨリハ御局ヲ以、是又被仰聞候。
其比此沙汰江戸御屋舗中幷金澤ニモ少々可有傳聞候。
悲哉、同年四月五日光高公トミニ御カクレ、其程ノ次第難尽筆紙。
予カナシミニ不堪、當座ニ上句ヲ設ヶ百韻獨吟。

花はちりて日々になけきの茂り哉　　　　　　　　　直賢

一回忌十百韻ヲツヽリ影前ニ備奉ル。

花ハあたのたとへ有けり去年乃夢　　　　　　　　　直賢

とふ跡の花やけりぬる軒の草

花にちる下にかくるる袖乃露

いかにしていかに卯月のほとときす

まほろしの傳やかたへり郭公

しとふなよ月の都を本津人

かたよらぬ影や最中の秋乃月

山の端の心あわせや今朝の月

淡雪乃あわとみし世の恨哉

武藏野の煙くらへや雪の富士

光高公御逝去以後、犬千代様御幼君、三ヶ國之御仕置立帰り利常卿万端御身ニ引掛、無間斷被仰付。某古へに越、別而忝御意共折々之證文如左。

公事場奉行被仰付、其後金澤町奉公可仕由　御意之處大役重疊、難勤旨達而御斷申上ル。然者公事場其外、少々御用共可爲御赦免、御小姓頭幷町奉行可令裁許由、重而被仰出、今以相勤。利常卿折々、予ニ御懇之御意、奉書ナト略書記之。

慶安年中、小松葭嶋ニテ御茶被下刻、當座、

月『〇』よし嶋ねの木立今朝乃雪　　　　　　　　　直賢

金澤江罷帰以後、小松ヨリ到來之狀、

御別紙御狀、令拝見候。今度者御仕合忝所殘珍ニ存候。貴殿歌道

心かけ連歌かうしや之由、被　聞召上御噂之由、古左近・左門江御意
之旨ニ候。就其御墨跡をも俄ニ取ニ被遣候と右兩人物語ニ候。さてさ
て御手柄歌道之冥加ニ御叶候と申事ニ　候。將又上句四句迄調可進之
旨、得其意申候。內々左樣ニ存候。土州江令相談、追而可申達候。
以上。

　　　　十一月廿日　　　　　　　　　　　　　　　津玄蕃
　　　　　　　　　　　　　　　　　　　　　　　　葛隼人

　　　　　　　脇九兵樣　御報

又一通
先日孝治之第三仕置被申候。

　　　　　一時雨跡に深山の里とひて　　　　　　　　　　孝治
葭嶋ニおいて
　　　　　岩にたに心有けりに雪の庭　　　　　　　　　　明宣
一。市川長左衛門御茶被下候砌、仕合之樣子、脇九兵江物語仕候。事之
外御感ニ御座候。
一。脇田九兵衛御茶被下候節、九兵衛連歌よく仕候。あれほと仕も
のなく候。只之ものニてハ無之由、品川左門江被仰聞候旨、古左近方
被申聞候。九兵衛葭嶋ニ而發句、定而御聞可被成候。自是書付不進之候。
右上句左近書寫被申候間、御詠覽ニ入可申と存、定家小色紙俄御掛
被成候義、九兵衛ニ御見セ可被成ため二被爲掛由、是又左近被申聞
候。歌道にも何茂冥加ニ叶たる仕合と申儀ニ候。余無比類故、爲御知
如此ニ候。以上。

十一月廿日 　　　　　　　　　　　　　　　　　　津田玄蕃
　　　今枝弥平次様

承應元年ノ正月、小松可令參賀卜存候處、
　　年頭爲御禮、御手前此地江可被罷越之旨、相立 御耳。寒氣之節
　　候之條、罷越 儀必無用二候。此地江參候同前被思召候間、緩々と
　　可有養生之旨、被 仰出候。尤可忝御仕合候。恐々謹言
　　　　　正月十三日 　　　　　　　　　　　　　　　　　津田玄蕃
　　　　　　　脇田九兵衛殿

子病氣養生之刻、
御餌柄之雲雀十五、兩人江被遣候。各病者老人之事二候間、雲雀給見
被申候ハハ、能可有之と被思召、氣分二能覺被申候ハハ、おひお
ひ雲雀可被下候間、料理仕、其上二而心持能候ハハ、拙子方迄様
子可被申越之旨、御意二候。誠二忝御懇　之御仕合二候。恐惶謹言。
　　　　六月十五日 　　　　　　　　　　　　　　　　　竹田市三郎
　　　　　　　脇田九兵衛様
　　　　　　　黑坂吉左衛門様

御兩人御飛札入御披見申候。先日被遣候雲雀、被下見被申候處、
持病之心持能覺被申旨、事之外御機嫌能御座候。雲雀態あハさせ
遣可申旨、重而被仰出、則八ツ進之申候。誠以忝　御意二御座候。
重而爲御禮狀を茂越申事無用と被仰出候。　拙子·心得二而遣候體二可

仕との御事御座候。其御心得尤ニ候。越中江雲雀鷹被遣候間、其節
者澤山ニ可被遣候。其時者いかほとも御禮ニ飛脚を茂被指上尤ニ候。此
度者必々無用御座候。中々御機嫌之事ハ筆紙ニ不被申候。誠ニ冥加ニ
御　叶候侍ニ御座候。恐々謹言

　　　　六月十九日　　　　　　　　　　　　　　　　　竹田市三郎

　　　　　　　　脇田九兵衛様
　　　　　　　　黒坂吉左衛門

明暦年中二、

　先日御用之儀ニ付、切々小松江往來苦心ニ被　思召候。年被寄御家
　中之かさりにも候之間、堂々養生息災ニ可有之旨、御懇之御意候。
　漸さむく成候條、可有恙之由被　仰出、御小袖一ツ被遣候。頂戴尤
　ニ候。　御禮此地江被致祠候事、必無用之旨、堅可申遣由、被仰出候
　間、可被得其意候。恐惶謹言。

　　　　九月七日　　　　　　　　　　　　　　　　　　津田玄蕃

　　　　　　　　脇田九兵衛殿

明暦三年ノ暮、江戸天守臺御普請、綱利公江御賴被成旨、上意之趣
承、某儀數年　利常卿御芳情忝不淺　綱利公御代御普請始卜申、無役
人ナカラ御奉公ニ候間、余命モ不存候條、此度御奉公ノ名殘ニ候
條、役人竝ニ被仰付候様ニト望申候處、奇特ニ申上ル旨、利常卿御意
之趣、今枝民部內狀。

　猶以御訴訟一段首尾能相調、於拙子大慶仕候。首尾無殘所候間、
　可　御心易候。以上。

先月廿一日御書付并御狀三通、一昨十一日之御夜詰過、水原淸左
衛門方ヨリ被相届、令拜見候。

來年御殿守臺御普請、加賀樣江就被仰出、貴樣之儀無役ニ候得共、
御代初而之御普請、其上、御老後行衛なかく御奉公之望も無之候
間、此度御家中竝ニ御普請役被相勤、又此地江御越御屋敷之御番ニ
而茂御勤有度由、御書中之通委細承届、一段尤可然存に付而、翌朝
御紙面之通、具品川左門江致物語、御書付渡置申候。

今夕能次而有之、御書付入　御披見候處、奇特之被申上一段尤思召
候。望之儀ニ候條、半役可被相勤旨、被　仰出處候。

　御前之首尾無殘所、御手柄と存候。　役人之儀竝茂可有之間、追而其
地三人衆迄可申入候。此地被召寄儀ハ有間舖候。二三日中淸左衛門
可被罷帰候。其節委細可申達候。右之樣子無心許候ハんと、先一日
もはやく御吉左右申入度、便宜も不存候へ共、此狀調置申候。　平丞
殿へも御心得賴入存候。

貴樣より先、金澤頭衆之內一人、來年御役望之書付、品川左門迄
參、立御耳申由ニ候。二番目に候得共、余り間茂無之中ニ、左樣之沙
汰御聞ニ而御申上とハ不被　思召體ニ候。其段御氣遣有間敷候。

御紙面之通、具左門江申達候間、可易御心候。　御息災と相見へ、御書
面跡々ニ無替儀、先々目出度存候。御普請御用意彼是以之外取込續
兼、難義仕候。

時分柄寒氣甚候得共　中納言樣御持病さして御痛茂無御座、御膳無御滯
被召上候條、可御心易候。加賀樣御機嫌よく事之外御成仁、今程切々御客
なとも有之、御用ハ日々ニ重り一入骨折申候。此狀茂鷄時分ニ漸調申

候。委細追而可申達候。恐惶謹言。

　　　　十一月十三日　　　　　　　　　　　　　　　　今枝民部
　　　　　　　　脇田九兵衛様　御報

　　品川左門狀

改年之御慶目出申納候。先以此方替儀無之、兩　殿様御機嫌能被成
御座候。然者先月四日之御狀、令拝見候。當年御普請役御望二付而、
今枝民部殿迄委細御　申入之通、立　御耳、半役可被相勤之旨、被　仰
出、忝思召之由、尤二存候。御懇之　御意共、珍重存候。御懇勤之預
御禮却而痛入存候。其地別條無御座、貴様御堅固之旨、目出度存候。
猶永日方喜可申入候。恐惶謹言。

　　　　正月三日　　　　　　　　　　　　　　　　　　品川左門
　　　　　　　　脇田九兵衛様　御報

利常卿、万治元年十月十二日払暁ニトミニ身マカリヲハシマス。　事
不及是非次第也。某、漸利常卿御前モ熟候間、隠居之御斷可申上ト
賴ミムナシク、御若君御十六歳、愚七十五、殘命露ノ消ヲ待耳。
　金澤於寶円寺　微妙院殿御作善被執行、子、悲嘆ノココロサシ百句
ヲツラネ牌　前ニ納奉ル。

　　　　　　　袖に見ようき世は北の片時雨　　　　　　　　　直堅
十二月十日、御遺骨高野御登山見送奉リテ、

　　　　　　帰山何そハ終に雪乃道　　　　　　　　　　　　　直堅
　　愁涙難止。

万治二年春、　微妙院殿爲　御遺物、金銀幷御道具ナト、小松人持物

頭、其外御近習之面々、諸奉行等人々品ニヨリ拝領、高下有之。金澤
ニオイテハ御一門御老中金銀御道具拝領也。御小將頭、御馬廻組頭、
黃金五枚宛、予モ令拝領也。御鐵砲頭以下物頭分、黃金三枚弐枚多
少有之。

右ハ　綱利公御下知如件。

同年七月三日、奧村因幡・津田玄蕃ヲ以被　仰出、予御代々御奉公申、
年モ寄候間、隱居仕、安樂ニ可罷有旨、忝御意ニ而、嫡子平丞ニ千
石之御一行被下、隱居料三百石拝領、重畳難有仕合、年來之望相
達、則法體トナリ、名ノミムカシニカヘリ如鐵ト改メ、聊ト幽居、薪
尽ナンタヲマチ侍ル。

予、家業作文タリトイヘトモ、ヲノツカラ和國ノ風ニナラヒ、歌道執
心ス。

　源氏物語相傳之事

　一華堂　　乘阿　　如見

　　　　　　古田織部　織公ハ西三條三光院殿江

　　　　　　　　　　源氏執心一部之功訖。雖然如見

　　　　　　　　　　一華堂傳授之趣、講釋可申

　　　　　　　　　　所望ニヨリ度々讀申內ニ、西殿

　　　　　　　　　　之御聞書幷口決、不殘如見江

　　　　　　　　　　物語也。

　　　　　芳春院殿

　　　　　直賢　脇田九兵衛

如見巨士者、薩州住人、爲遊客歌道一篇ニ志深。　住宅ヲ不求、國々

流浪シテ所々ニヲイテ人々ノシタシミ不淺。 ココロハセ風流ニノ、無欲
ノ人是ヲ感スル而巳。一トセ 芳春院殿、自江戸加州江被爲入候折節、
如見ヲ御誘引有テ、加越之連歌師トモ、此流ヲ汲輩アマタナリ。サハ
イヘト切紙傳授ノ人ハ、予一人トオホエ候。其後、利常卿ノ室號天德院
殿御扶持人トナリ、宦女竹號岩崎トイフ者、源氏相傳弟子ニ被成、數
年金澤ニ在留ス。

　　古今傳授之事

　　　　　　宗訊堺町人河內屋　　宗柳嶋田屋　　常信大黑是常

　　　　　　石野和泉 但集非傳授宗訊箱傳　　　芳春院殿 同上

牡丹花

　　　　　　財部眞存薩州住人　　麥生田道徹

　　　　　　財部以貫　　財部宗佐　　如見

　　　　　　芳春院殿

　　　　　　直賢脇田九兵衛　　　　山田仁右衛門

　　　　　　　　　　　　　　　　今枝民部直友

　　　　　　　　　　　　　　　　奥村因幡和豊

集傳授之事、宗訊聞書。 芳春院殿江石野和泉ヨリ依上之。如見集傳
授、元祖宗訊・眞存一流之趣、芳春院殿聞召及被、御懇望依讀申
處、宗訊聞書符切合如。勿論弥御信仰淺不。如見嫡孫、山田仁右衛
門依若輩、雖波津之歌ノ使有ヨシニテ、予ニ被預、彼者成長シテ可
相傳仕、遺言箱ヲ開申折節、直友執心不淺ニ因テ同聽。宗訊・眞存聞
書之箱共ニ 綱利公之御文庫ニ有。牡丹花嫡流無疑事可知。眞存法師
ハ歌人也。夢庵江所望ノ發句、

　　　うくひすも梅か香おしむ羽風哉　　　　　　　　　　　肖柏

　依傳聞之記耳。

右如見法師モトヨリ一所不住人ニシテ、又遊客トナリ京都ニノホリ、其後武州江戸ニイタリ、後藤三郎宅ニ身マカリ訖。于時七十五歳。予悼之、

　　　　飛螢こえきかぬ玉乃行衛かな　　　　　　　　　　　直賢

子、若輩ヨリ奉公ノ品々つくつくトカソフレハ、　瑞龍院様御代、三箇國小取次被　仰付、某ト大橋佐内宛所ノ御直書方々ニ可有之。　微妙院様御代、諸代宦手前殘金奉行幷金澤惣構奉行、御納戸金銀奉行靑木助丞兩人、大坂表御穿鑿之後、御使番御鐵砲拾五挺御金御用如前々。其後江戸直違御普請役望候テ、御金奉行御理申上、御赦免。

三箇國御代宦前御吟味之刻、又御用被　仰付、新川算用聞前田刑郎兩人、右吟味一通相濟候テ、三箇國御算用奉行奧村源左衛門・宮木采女・靑木助丞・某四人、御家中侍共除知御吟味被　仰付候刻、御算用之上ニ奉行被　仰付、津田源右衛門・菊池大學・靑山織部・森權太夫・中村惣右衛門、相奉行。

御公事場葛卷隼人・奧村源左衛門・菊池大學・某四人。陽廣院様御代、御小性頭津田源右衛門・松平采女斷ニ付、御指除被成、中村惣右衛門・某兩人、森權太夫・北川久兵衛兩人ニ御加被成候。微妙院様ヨリ金澤町奉行、富永勘解由左衛門ト某兩人被　仰付候刻、御公事場除知御用御斷申上、御赦免、御小將頭如前々。此外少分當座之御用不及記、御奉公之品々御代宦ト人持ニハ不成、乍去、頭分竝之者大方之人持ヨリ

御賞玩之事、無其隠。富貴者天命。

右某子孫末々になり、如何なる筋の玉かつらかけても志らぬ世に、もし此筆の蹟殘留らは、心得給へあなかしこ。
　万治三年正月吉辰　　脇田九兵衛直賢入道　如鐵　在判
　　　脇田平丞殿
　　　脇田小平殿
　　　　　　　　　　　　　　　　　筆者
　　　　　　　　　　　　　　　　　　　森田庄九郎
　　　　　　　　　　　　　　　　　　　　昌成在判
右寶暦十二歳次壬午夏五月旬二鳥寫之畢元書吉田氏某之持本也
　　　　　　　　　　　　　　　　邑巷軒蒙鳩子記之
　　　　『六月朔日校合朱引濟』

참고문헌

『松雲公採集遺編類纂』(加越能文庫所藏本).

『脇田家伝書』(加越能文庫所藏本).

『脇田如鐵覺記』(加越能文庫所藏本).

『加賀藩史稿』卷12(加越能文庫所藏本).

『石川縣姓氏歷史人物大辭典』, 角川書店, 1998.

『광산 김씨 사온직장공파보 권지 2』, 회상사, 2002.

『원본 동국신속삼강행실도』, 대제각, 1988.

노무라미술관, 『다도와 한국의 전통 차문화』, 아우라, 2013.

千宗室 監修, 『仙叟宗室』, 淡交社, 2008.

존 카터 코벨, 김유경 편역, 『일본에 남은 한국미술』, 글을읽다, 2012.

최 관, 『일본과 임진왜란』, 고려대출판부, 2003.

鶴園裕 『日本近世初期における渡來朝鮮人の研究 – 加賀藩を中心に』(1990年度科
　　　　學研究費補助金研究成果報告書)

內藤雋輔 『文祿·慶長役における被捕虜人の研究』, 東京大學出版會, 1976.

中島德太郎 『金澤古跡志』 第3編, 金澤文化協會, 1933.

綱淵謙錠 『斬』, 文藝春秋, 2012.

최 관

한국동아시아연구소장, 삼역국제무역유한회사 대표.
전남중, 살레시오고, 고려대 졸업, 도쿄대학대학원 석·박사.
전 고려대 교수, 일본연구센터 소장, 일반대학원 부원장.
한국일본학회장, 동아시아문화교섭학회장 역임.
일본대학 객원교수, 교토 국제일본문화연구센터 외국인연구원, 중국 남개대학 및 텐진 사회과
학원 객원연구원, 대외경제무역대학 외국인교수 역임.

〈저역서〉
『일본과 임진왜란』(고려대출판부), 『文禄·慶長の役』(講談社), 『壬辰倭乱』(中国社会科学出
版社), 『우리가 모르는 일본인』, 『일본문화의 이해』 등 한·중·일에서 30여권. 역서 『47인의
사무라이』, 『춘색 매화 달력』, 『소네자키숲의 정사』 등.

민족을 넘은 삶 – 김여철/와키타 나오카타

2018년 6월 28일 초판 1쇄 펴냄

지은이 최관
펴낸이 김흥국
펴낸곳 도서출판 보고사

책임편집 이순민
표지디자인 손정자

등록 1990년 12월 13일 제6-0429호
주소 경기도 파주시 회동길 337-15 2층
전화 031-955-9797(대표)
     02-922-5120~1(편집), 02-922-2246(영업)
팩스 02-922-6990
메일 kanapub3@naver.com / bogosabooks@naver.com
http://www.bogosabooks.co.kr

ISBN 979-11-5516-808-0 03910

ⓒ 최관, 2018

정가 15,000원